价值法则

Law Of Value

个人和企业卓越有效的跃迁基石

宋雄 著

中华工商联合出版社

图书在版编目(CIP)数据

价值法则 / 宋雄著. — 北京：中华工商联合出版社，2022.7
ISBN 978-7-5158-3471-9

Ⅰ.①价… Ⅱ.①宋… Ⅲ.①企业–价值论–研究 Ⅳ.①F270

中国版本图书馆CIP数据核字（2022）第 097869 号

价值法则

作　　者：	宋　雄
出 品 人：	李　梁
责任编辑：	胡小英　楼燕青
装帧设计：	周　源
责任审读：	付德华
责任印制：	迈致红
出版发行：	中华工商联合出版社有限责任公司
印　　刷：	北京毅峰迅捷印刷有限公司
版　　次：	2022 年 7 月第 1 版
印　　次：	2022 年 7 月第 1 次印刷
开　　本：	710mm×1020mm　1/16
字　　数：	150 千字
印　　张：	14.75
书　　号：	ISBN 978-7-5158-3471-9
定　　价：	48.00 元

服务热线：010－58301130－0（前台）
销售热线：010－58302977（网店部）
　　　　　010－58302166（门店部）
　　　　　010－58302837（馆配部、新媒体部）
　　　　　010－58302813（团购部）
地址邮编：北京市西城区西环广场 A 座
　　　　　19－20 层，100044
http://www.chgslcbs.cn
投稿热线：010－58302907（总编室）
投稿邮箱：1621239583@qq.com

工商联版图书
版权所有　侵权必究

凡本社图书出现印装质量问题，请与印务部联系。
联系电话：010－58302915

前言 PREFACE

"当今世界正处于百年未有之大变局。"这句话是近年来被频繁提及的话题,深刻揭示了世界新的时代特征。几乎所有的企业和个人都意识到,这是一个多元化的世界,我们每个企业、每个人都面临来自各个方面、多个维度、不同层面的挑战。

在过去,我们在生存和发展的过程中,常常只关心眼前的利益和收益,未能从宏观层面考虑决定企业和个人生存和发展的底层逻辑究竟是什么。当下正是一个前所未有的、需要大视野的时代,无论企业还是个人,都应当用长远的目光看待自己的成长和发展。

然而,任由沧海桑田巨变,唯有价值创造者恒强。尤其在当下这个时代,价值的重要性更加凸显。只有那些坚持价值创造、贡献社会、造福人类的企业和个人,才能永立潮头、基业长青、受人尊敬。

对于企业而言,很多企业经营管理者抱怨现在的经济形势下生存越来越难,发展更是难上加难。但你在抱怨的同时,是否也会思考一下,在相同经济形势下,为什么有的企业最初与你的经济实力、资源能力相当或相差无几,但他们为什么能在激烈的竞争中破局,并能一跃而上,

2 价值法则

成为行业发展主力军中的一员？

放眼望去，凡是那些能够在市场中站稳脚跟，成为行业佼佼者，甚至能走过国门走向全球，成为世界一流公司的大型企业，如阿里巴巴、华为、小米等，都懂得价值创造的重要性。它们将"以价值为本"作为发展的基本点，把"为用户创造价值、为员工提升价值、为社会贡献价值"作为自己的使命。它们在永葆价值创造初心的同时，尽全力将自己做强做大。

市场是生命线，但价值创造才是源头活水。虽说企业要生存，需要经济回报和利润，用于再投入。但如果只是为了赚钱去做，而不注重价值创造，那么你赚钱只是将别人创造的财富，用财务技巧转移到自己的口袋。这违背了企业存在的目的和意义，虽然你的企业可能平安度过了成长期，但会难以长久、持续发展下去。

企业可以通过市场需求为导向，满足社会和用户的价值需求；可以建立灵活长效的激励机制，激发全体员工积极创造价值的斗志和激情；可以构建鼓励创新、争创价值的良好氛围，激励员工提高价值创造的自觉和挖掘自我价值创造的潜能……以此全面提升企业的价值创造能力与水平，有效提升企业形象、提升企业生存发展能力。

对于个人而言，生活中，总是有人喜欢将自己的人生不幸归结为外界原因。要么认为自己生不逢时，要么认为缺少机遇。人若做人做事，没有价值观，做什么都毫无意义。

一个人的学历只是铜牌，能力也只是银牌而已，生命的激情是金牌，而思维方式才是王牌。做任何事情，都要有正确的角度和思维方式，知道自己做什么事情最有价值，学会选择，远离那些不值得花费时间和精力的任何事,明确在职场中自我价值体现的方式和方法……这样,你才能把自己的生命发挥出无限的光彩,实现自己的人生价值,收获属于自己的成功。

总而言之,无论企业还是个人,遵守价值法则,坚持价值创造,才是生存和发展的王道。

本书从企业和个人的角度,给身处当下时代的企业和个人提供了详细的企业经营价值法则、个人成长发展价值法则,以及基本落脚点。本书帮助读者更加透彻地理解价值法则的内涵,深刻理解企业和个人如何在新环境下迅速崛起,帮助企业和个人激发更多的价值创造力,重新构建发挥企业和个人价值的能效。如此,企业和个人才能更好地适应当下的"大变局",拥抱不确定的未来。

目录 CONTENTS

第一部分 个人篇

第一章 个体成长：努力把自己变成想要成为的人

正确认识自己的价值 / 004

做一个终身价值主义者 / 007

警惕"非价值"思维 / 012

打造你独特的价值标签 / 016

应势而动，顺势而为 / 020

个体时代，你就是一家超级公司 / 026

第二章 社交中的价值法则：你的周围藏着你的思维和世界

拒绝无用社交 / 032

和对的人在一起 / 037

构建高价值朋友圈 / 041

保持开放和分享的心态 / 045

第三章　做事中的价值法则：
一切坚持守心法则

做事有格局，人生才能有高度 / 050

匠心精神：坚持做好一件事 / 055

会做人，才能做大事 / 059

团队思维：成就一个人不如成就一群人 / 064

第四章　职场价值进阶：
从菜鸟到达人的蜕变

每个岗位都可以创造价值 / 070

用价值思维经营自己的人生 / 074

在创造企业价值中实现个人价值 / 078

敢于走别人没走过的路 / 083

1万小时定律：成为某个领域的专家 / 087

第二部分 企业篇

第五章　价值哲学：
揭开企业基业长青之谜

价值法则决定企业未来 / 094

企业价值的核心就是不断创造价值 / 097

追求企业长期有效增长 / 101

一切为了追求价值而努力 / 105

第六章　价值战略：
围绕增强企业核心竞争力制定

创造价值要坚持长期主义 / 112

以价值为原点，以核心能力为半径 / 117

紧跟趋势，满足消费升级需求 / 120

用长远的眼光追求长远价值 / 124

用全局视角构建价值生态圈 / 128

从竞争到竞合，价值共生才是发展的良策 / 132

由商业企业向社会企业的价值迭代 / 136

第七章　产品服务：
真正为客户创造价值

以用户需求为结果导向 / 142

专业造就品质，提升品牌价值 / 146

把产品和服务做到极致 / 150

追求极致性价比 / 154

以提升用户满意度为目标 / 158

第八章　经营管理：
坚持"以用户为本"的价值原则

经营管理，一切"以用户为中心" / 162

经营好"用户价值" / 165

让用户感受价值最大化 / 174

打造良好的客群关系 / 179

让员工像CEO一样思考和做事 / 186

团队价值决定公司价值 / 191

**第九章 研发创新：
以价值创造为目标值原则**

创新中的短期价值与长期价值 / 196

创新要时刻以市场需求为导向 / 199

要完善创新中的核心价值驱动机制 / 203

创新中走出自己的路，让别人无法超越 / 207

在不断迭代创新中领跑市场价值 / 212

融合新技术，持续创造产业新价值 / 216

后　记 / 222

PART 1
价 值 法 则

第一部分

个人篇

CHAPTER 1 第一章

个人成长：
努力把自己变成想要成为的人

> 每个人都希望自己能够成为理想中的那个人。有的人虽有理想，却从不付诸行动和努力，最终一事无成，浑浑噩噩过了一生；有的人却一生都在为那个美好的目标而奋斗，在不断努力、拼搏中成长，将自己变成了想要成为的人。人生在世，努力的意义就在于实现自己的价值，过上自己想要的生活。

正确认识自己的价值

很多人喜欢用一个人的成长背景、学历、职业等来证明自己是有价值的。这是一种典型的错误价值观,直接影响了我们对于自己以及他人的看法和判断,甚至会影响你的整个人生。

价值观和我们本身的价值,是存在一定差异的。认知的不同,会导致对一个人的价值评判结果大不相同。我们很多时候,会因为所处环境和自身的关系,将自己的价值判断局限于一些自己认为的因素当中,认为自己"很没用"。很多时候,你身上所具备的优点,连你自己也不知道。你不知道,并不代表不存在,并不代表你就没有价值。其实,你并不比别人差,或许在有的人眼中,你是那个具有独特恩赐与才能的人。

那么我们该如何正确认识自己的价值呢?

1. 学会剖析自己

俗话说："人贵有自知之明。"每个人都不可能十全十美，但每个人总有点什么是别人没有的和羡慕不已的。所以，要学会剖析自己。正如李白所说"天生我才必有用"，只是你暂时还没有发现自己在哪方面有价值，在哪方面可以让自己熠熠生辉，突出自己的闪光点。

世界上，每个人都是独一无二的，有的人身上的价值很容易被看到，有的人却要用心去挖掘、去寻找。或许某一天，你会惊奇地发现，原来自己比想象的要优秀，要"有用"很多。

有一位挑水夫，靠着一根扁担和两个木桶讨生活。

每次挑水时，两个木桶总是暗自较劲，看谁装的水多。其中一个木桶很结实，在运送到目的地后，还总是保持满满的一桶水。它很是得意。另一个木桶由于桶侧边有一条裂缝，每次总是边走边漏，所以每次到达目的地后，就只剩下半桶水了。对此，它很是懊恼，认为自己很没用。

一天，正当那个有裂缝的木桶沮丧时，一直沉默不语的扁担开口了："别难过，你快看看身旁的那些小花吧。正是因为你一路上滴滴漏漏，所以才有它们此时盛开的美丽。"

有裂缝的木桶看了看，果然，它路过的小路上绽放着很多美丽的小花，装扮了田间小路，成了一道美丽的风景线。而另一只结实的木桶路过的那一边，一路上光秃秃的，与另一侧的繁花似锦形成了鲜明的对比。看到这一切，有裂缝的木桶便不再自卑和懊恼，此时它觉得，因为自己无意间的浇灌，成就了花朵的争相斗艳，美化了环境，原来自己也是有价值的，只是之前没发现而已。

2. 摆脱自卑和烦恼

有的人从小就活在"别人家孩子"的阴影之下，在父母、老师的眼中，自己又笨又没用。这往往使得很多人从小就产生了自卑感，并深陷烦恼之中。久而久之，在家长、老师的不认可下，自己也觉得自己很"没用"。

要想正确认识自己的价值，就需要走出烦恼，摆脱自卑。这是你能够充满自信、轻松面对一切的前提，也是你能够重新认识自己价值的开始。

3. 学会适时展现自己

一个人，认识自我价值的最好方法，就是学会适时地展现自己。换句话说，就是要学会"推销"自己。如果你连一个展现自己的机会都没有，又如何发现自己的价值？所以，一定要有意去做自己喜欢、擅长、感兴趣的事情，并且要多帮助别人，在展现自我的过程中，用心感受和体会自我价值。

一个人的价值，是其一生的财富。价值有多大，就会为身边人带来多大的价值，为社会创造出多大的价值。因此，一定要正确认识自己的价值、发现自己的价值，相信自己的存在，才能真正成为一个有用的人。那些成绩卓越的人，之所以能够奋斗不止，是因为他们有不灭的希望作为内驱动力。

做一个终身价值主义者

真正想成长和进步的人，都会给自己树立一个目标，并围绕这个目标，心无旁骛地长时间坚持努力着。之所以能够长期坚持，甚至能够倾其一生都在为实现这个目标而努力，是因为他们觉得这个目标对于自己来说是值得的，是有价值的。而这种长期坚持做好心中认定的事情或事业，甚至愿意终身为之付出努力的人，我们可以将其称为终身价值主义者。

很多人活着，有明确的信念和目标，知道自己要做什么，该如何做；有的人在生活中迷失了自我，根本不知道自己的方向在哪里，于是浑浑噩噩地工作着、生活着。虽然他们偶尔也会停下来想一想，自己究竟想要的是什么，自己活着是为了什么。但这些对他们来说，是一件多么遥远的事情，于是很快就放弃了，认为这些目标不适合自己，或是觉得自己根本做不到。就这样，他们一生虽然看似忙碌着，却不知道为什么而忙碌；虽然忙碌着，却对自己、对他人、对社会没有产生任何意义和价值。

一个真正的终身价值主义者，要做好以下几件事，才能成为真正成事的人。

1. 不安于现状

一个人如果对当下平庸的生活得且过且，那么他就会在平庸中度过一生。只有那些不安于现状的人，才会给自己设定一个价值目标，并为之努力拼搏，为自己创造更好的生活。

李嘉诚之所以能够成为"塑胶花大王""地产大王""股市强人"，就是因为他是个从小就胸怀远大抱负、不安于现状的人。

当年，李嘉诚创办的长江工业公司在塑胶行业做得风生水起，取得了傲人的业绩。李嘉诚被誉为"塑胶花大王"。人们本以为李嘉诚是要在塑胶领域干一辈子的，将这个事业发扬光大。但谁也没想到，李嘉诚的志向和眼光远超过人们的想象，他并不满足于眼前的成绩。做塑胶花生意，只是他人生事业的一部分，是他基业的原始积累。他的最终目标是，充分展示自己的人生价值，看看自己的能力究竟有多大，能在人生事业上跑多远。

为了谋求更大的发展，李嘉诚在不同的行业中进行探索和尝试，并寻求新的机会。随着当时人口数量的增长，对住宅的需求量也在不断增加，再加上经济发展的需要，李嘉诚看到了房地产领域的发展前景。于是，经过长时间的研究和分析，他决定涉足房地产行业。

李嘉诚在香港最繁华的工业区，买下了一块土地，并兴建了两座大厦。他并没有将两座大厦出售，而是将其租给了物业公司。历经十年左右的积累和发展，李嘉诚购买并兴建的土地面积翻了三倍之多，每年收取的租金也是相当可观。但李嘉诚并没有对此感到满足。随后，他成立了长江地产有限公司，重点就是集中财力、物力和精力去发展房地产事业。

当时，在香港房地产领域，有一家名叫香港置地有限公司的龙头老大，在香港颇有名气。在一次高层会议上，李嘉诚提出：要以香港置地有限公司为发展目标，不仅要学习香港置地的成功经验，还要超过香港置地的规模。当时，很多人对李嘉诚的提议表示质疑，长江地产当时还是一个名不见经传的小公司，要想动摇这个地产大亨的霸主地位，何其容易？

李嘉诚对此却充满信心，为实现这个目标不懈努力着。为了解决资金问题，李嘉诚计划让长江地产公司上市，将长江地产有限公司改名为长江事业有限公司，随即上市。上市后，公司的股票就升值一倍多。这次上市，不仅解决了公司发展的资金难题，也让李嘉诚的事业有了一个巨大的飞跃。趁此机会，李嘉诚也成为当时的股市牛人，创造了商业奇迹，并迅速成为香港地产领域的龙头老大。"地产大王"的美誉也便由此而来。

2.明确人生目标

树的方向，由风决定；人的方向，由志决定。一个没有目标的人，必定是颓废的、懒散的，在人生的旅途中总会失去自己的方向。

一个人看不到自己的远方是很可怕的事情，有了远方也就有了人生追求的高度，而一旦有了追求，远方也就不再遥远。每个人都应该有一个能够让自己为之奋斗的目标，这个目标不一定是一个确定的值，而是自己要在某个时间段想要达到的成就。

你先要明确自己想要成为什么样的人，然后才能通过努力，把自己造就成为想要成为的样子。

但并不是所有的目标都是可行的，需要借助SMART来实现。

（1）S（Specific）：具体性

无论制定什么目标，都必须保证其具体性、明确性，即要有一个清晰的方向和明确的画面，引导自己向着目标前行。

（2）M（Measurable）：可衡量

制定的目标，必须能够量化，将整体目标进行分割，从一个个分目标出发，循序渐进，这样能有效提高自己完成目标的信心。

（3）A（Achievable）：距离感

所谓"距离感"，其实就是目标要有挑战性，必须经过一定的努力才能完成，而不是轻而易举就能实现。

（4）R（Realistic）：现实性

任何一个目标，都必须在着眼于未来的同时，保证具有现实性和可行性。否则，不切实际的目标，只能算是梦，虚无缥缈，终究难以实现。

（5）T（Time-bound）：时限性

确立一个目标后，还要确立一个起始和完成时间，以此克服自身的惰性。否则，漫不经心，随心随性地去做，目标就会被拖延，很可能使自己一辈子一事无成，更无价值可言。

3. 把时间用在创造价值的事情上

人一生的时间可以分为三种：浪费的时间、消费的时间、投资的时间。

把时间浪费在那些毫无意义、毫无价值的事情上，对你毫无意义可言。

把时间用在吃饭、睡觉、学习上，这是必须花费的时间，可以让你精力充沛，学识丰盈。

把时间用在为自己的人生做持续性价值输出的事情上，你将会收获辉煌、荣耀的人生。

可以说，你的时间花在哪里，收获就在哪里。

普通人和成功者之间，最大的区别在于，是否将自己的时间投资在有价值的事情之上。

比如在选择职业的时候，有的人会选择赚钱多的工作，而不去考虑有发展前景的岗位。他们看似在短期内获利，但对于长远的发展来讲，并没有多大的好处。有的人，会选择那些发展机会比较多、能学到东西的岗位，虽然眼下工资不高，但从长远来看，自己学到的就是赚到的，这些东西在未来会为自己带来更大的利益。

警惕"非价值"思维

站在相同起跑线上出生的双胞胎，也可能会是两种不同的人生结局。造成这样的结果，最主要的原因就是思维上的差异。

那些认为自己有价值的人，因为他们持续做着高价值的事情，所以才成为一个高价值的人。那些认为自己没有价值、没有用的人，总是做着没有价值的事情或者直接懒于去做，终究成了一个没有价值的人。

因此，一定要警惕"非价值"思维，不要总是把自己陷入自我否定的怪圈里。

1. 重拾自信心

凡是那些具有"非价值"思维的人，其实他们极度缺乏自信心，做任何事情都对自己的能力不够信任。改变这种情况，首先要重拾自信心，坚持真理，只要自己认为对的事情就坚持自己的意见，按照自己心理预设的路线一直走下去。

每向前走一段之后，不妨腾出一点时间让大脑休息一下，多问自己几个问题：是不是自己哪里做得不够好。

2. 树立正确的价值导向

人活着的意义，在于生命有价值。我们做任何事情，首先要有正确的价值导向，才能做出正确的人生价值目标选择，并向着这个目标不懈努力。我们为这个正确的人生价值奋斗的过程，就是为社会创造价值，展现自我价值的过程。如果价值导向错误或是负面的，我们的人生必定会因此受到惩罚。

有正确的价值观做导向，即便你的价值观看起来不是那么光芒四射，也能一步步引导你成为一个光芒四射的人。

3. 给自己正向的心理暗示

"我一定能成功""我要成为出类拔萃的人"……这些看似"自我洗脑"，实则能够起到很强的心理暗示作用。很多时候，一个人之所以能够发挥出超乎自身能力或实力的能量，是源于心理暗示的力量。

心理暗示，虽然是一种影响潜意识的最有效方式，但超出了人们身体的控制能力，指导人们的思维和行为。

人们常说印度人是训象高手。其实，印度人培养大象是有一定技巧的。在大象小的时候，印度人就用绳子将小象拴在一个小树桩上。起初，小象也会因为失去自由而非常排斥这种被束缚的方式，它们会奋力挣扎。但是经过屡次挣扎之后，小象发现挣扎是没有任何效用的。久而久之，它就放弃了挣扎。就这样，在几年的成长过程中，小象在大脑里不断形成了记忆强化，并逐渐产生了一个自我暗示："这个树桩牢不可摧，我是无法挣脱它的。"

最后的结果是，等到小象成年之后，成了一头力大无穷的大象，虽然主人还依旧将它拴在小时候拴的小树桩上，如果此时它要想挣脱那个小树桩简直易如反掌，但大象却并不会挣扎，也不会逃跑。因为大象根深蒂固地认为自己是不可能挣脱树桩的约束的。所以，这种长期的心理暗示所沉淀的力量是非常可怕的。

暗示可以看作是一种语言或感觉性的提示，可以召唤其一系列的观念或动作。这些动作可以向着好的方向发展，也可以向着相反的方向发展。要想摒弃"非价值"思维，就需要给自己进行正向心理暗示，认为自己对别人、对社会是有价值的。

心理学家普拉诺夫也同样认为，暗示的结果使人的心情、兴趣、情绪、爱好、心愿等方面发生变化，从而又使人的某些外在情况发生变化，如健康、工作能力、学习能力等。另外，暗示还可以影响人的情绪和意志。一个人的经历中出现了不良暗示信息，只有通过正面暗示才能替换掉消极暗示。

另外，心理学相关研究表明：一些比较敏感、脆弱、独立性不强的人，更容易接受心理暗示。因此，我们要想实现自己的梦想、达成自己的目标，就需要对自己进行有效的正向心理暗示。只有建立在此基础上，我们进行全力拼搏，才能最终达成目标。我们一定不要让不良的心理暗示充斥自己的大脑，这样会给我们的成长造成巨大的心理障碍，甚至会葬送我们一生的幸福，又何谈贡献自我价值？

4. 做自我肯定

除了进行心理暗示之外，还需要在自己"踮起脚尖"努力达成一个小目标后，对自己做自我肯定。这样一份看得见的目标更容易增强你对自我价值的认可。在经历一次次自我肯定后，就会由量变达到质变，彻底摆脱"非价值"思维。

一个人，任何时候都不要妄自菲薄，不要让自己的"非价值"思维将自己全部否定，进而将自己的价值封存起来。若你总是羡慕别人的成功，为何不走出"非价值"的束缚，挖掘自身潜力？你会发现，你也可以创造价值、创造奇迹，打造不一样的精彩人生。事实上，那些成功人士在成功之前也和你我一样，都是普通人，只不过他们率先挖掘了自己的潜力，最大限度地发挥了自己的能力、学识等，率先走在了价值创造的最前列。

打造你独特的价值标签

我们在推销商品的时候，往往会给商品贴上标签。这种标签，绝大多数是为了更好地区别这件商品与其他商品，进而体现出其独有的特点或属性，让有需求的消费者更好地找到与他们需求相匹配的商品。

对于我们自身来说，我们从出生地、到学校、到专业、到个性，很容易被人用简短、清晰的价值取向贴上标签。如果我们注意到这一点，明白标签对我们生活和工作的重要性，那么我们与其被别人贴标签，不如学会自己给自己贴标签。

当我们想要将自己"推销"出去时，首先就需要给自己打造独特的价值标签，让别人看到这个价值标签后，更加明确我们所具备的独特价值。

比如，在一家企业的HR眼里，优秀员工就是能够为企业创造更多价值的人。其衡量标准，包括：技能过硬、敢于接受困难的任务、懂得主动向同事学习、善于分析自己的不足、具有贴合实际的规划、注重工作细节。

技能过硬。技能过硬是一个优秀员工需要具备的最基础能力。

敢于接受困难的任务。工作中遇到困难和挑战是常有的事情，敢于接受挑战的员工，是企业所希望拥有的员工。

懂得主动向同事学习。企业最忌讳员工安于现状，这样的员工是不会有成长和进步的。企业更加希望有积极提升自己、不断向上攀升的员工加入，在这类员工的推动下，企业才能走得更远。

善于分析自己的不足。善于分析自己不足的员工，往往能知道自己的缺点和需要改进的地方，并一步步进行自我提升，展现出最完美的工作状态。

具有贴合实际的职业规划。做事情有规划的员工，往往更容易实现工作目标，不会因为任何事情轻易影响到自己工作任务的完成。

注重工作细节。有时候，员工在工作中能够注重细节，对于企业来讲，比出众的能力更加重要。

如果你为自己打造的价值标签，恰好与企业招聘要求相吻合，那么你在HR心中，就是他们非常渴望的有价值的优秀员工，你就会因此更受青睐。

在当前这个时代，我们要想脱颖而出，就需要给自己贴上足够个性鲜明的价值标签，这是世界认识自己的最快方式，也是凸显自我价值的最佳方式。

那么，如何打造你的独特价值标签呢？

1. 彰显个性

给自己贴价值标签，就好比为自己塑造个人品牌。要将自己最具优势、最优秀、最个性的部分进行提炼、梳理，实现标签化。换句话说，就是要从个人经历、见识、学识、个人素养等中，找到"人无我有，人有我优"之处，作为独特价值标签，以彰显自己的与众不同，在最短的时间内，给人留下深刻的印象。

2. 实事求是

在对自我价值进行标签化的时候，要做到实事求是。在对自我价值进行抽丝剥茧时，要抽出自己的真实优势，与别人做横向比较，做出差异化的价值标签。因为，实事求是的东西，不怕挤水分，也不怕实践检验。弄虚作假一定经不起推敲。

真实本身就是一种力量。贴标签虽然能让别人快速认识并记住你，但缺乏了真实的标签，是要为之付出代价的。当被人发现你的价值标签与你自身表里不一时，会严重影响你的信誉度，影响你的人际交往，影响你的事业合作。美丽的谎言，代价并不美丽。真正聪明的人，不会为了彰显自我，而给自己编造标签。

被誉为中国真正意义上的短视频网红第一人的Papi酱，在出道的时候，就以一句"集美貌与才华于一身的女子"，为自己打造了价值标签。广大受众一看到、一听到这句话，就能大概了解到Papi酱的独有价值。

独特的价值标签,就像是你的一张名片一样,使你在众人中能够被快速识别。学会适当地给自己贴上价值标签,并不断用行动去维护它,才能真正享受到标签带给自己的价值。

应势而动，顺势而为

我们身处的这个社会，在微妙和复杂中千变万化。但再多的变化，总藏着不变的规律。

作为个人，我们更要有高瞻远瞩的眼光，在做任何事情的时候，都要遵循一个规律：谋势而动，顺势而为。即在事物的自然发展过程中，我们既要按照客观规律办事，又要发挥个人的主观能动性，使事物朝着更加理想的方向发展。

很多人会抱怨自己生不逢时，没有得到幸运女神的垂青，空有一腔热情和满腹学识，却没有发挥的机会。纵观古今中外，那些真正能够成大事、立大业、发挥自我价值的人，其能力不是成功的唯一条件，通常来说，他们更加懂得谋时而动，顺势而为。

俗话说：上等人谋时，中等人谋势，下等人谋事。

上等人谋时，谋的是一个时机。一个有远见的人，能够事先做好准备，在合适的时候迅速行动。顺着当时的形式，做出判断，再有所作为，实现自己的价值。

孔子，之所以能够流芳百世，就在于他的"谋时"。在《孟子·万章（下）》中有这样一句话："孔子，圣之时者也。"意思是，孔子在任何时代，都是当之无愧的圣人。而且在中华文化中，之所以将孔子称为"素王"，是因为孔子没有土地，没有下辖的百姓，没有武器，但只要有人、有文化，孔子就是永远的无冕之王。

孔子生于春秋年间，虽然早年地位低微，但他却是一个善于"谋时"的人，凭着自己的一颗追逐"意诚心正"的心最后走出了一条人间大道。此后，就连中国历代帝王都对他崇尚有加，甚至膜拜于他。后世之人，也能从孔子的人生遗产中有所收获。这就是孔子的谋时。孔子谋的是千秋万代。他成功了，为后世创造了巨大价值，影响了千千万万的子孙后代。

中等人谋势，谋的是一个趋势，也是潮流。万事万物都有其发展规律。孟子说过："虽有智慧，不如乘势。"谋势者往往有远大的目标，同时具有敏锐的洞察力，能够看清时势。逆流而上，虽然可能会被人称赞是勇者，但并非智者。你很可能在付出很多辛苦之后，却发现最终的结果毫无意义。因此，如果没有把握，就必须谋势。只有遵循事物发展的规律，审时度势，跟着时代发展的步伐前行，才更容易成功，才能真正有所作为。

雷军说过一句话："只要站在风口上，猪都能飞上天。"这个"风口"就是一种"势"。指的是，任何一个国家、一个企业，在顺应社会发展的潮流下，才能获得快速发展的大好机会。雷军就是一个十分注重审时度势、顺势而为的人，他在自我发展的路上，也坚持秉承着"顺势而为"这一思想。

在雷军从金山离职后，他就一直在反思一个问题：为什么有人付出100%的努力，却只能换回20%的增长？有的人只有20%的努力，却能有100%的回报？最后，他得出的答案就四个字"顺势而为"。逆流而上，会很累；借势而为，会让人感到轻松很多，更容易成功。

在雷军的带领下，小米采取了全新的互联网销售模式。首款手机问世时，没有一家线下门店，没有一个线下促销人员，所有的手机都通过网络预订和发货。正式开售仅5分钟，30万台小米手机被一抢而空。身处互联网时代，雷军能够看到互联网对产业发展的巨大推动作用，便顺势而为，采用全新的营销模式，开了国产手机产业的先河，并取得了巨大的成功。

雷军注意到，在全新的互联网时代，用户消费升级，"以产品为中心"向"以用户为中心"的转变，已经成为一种时代趋势。产品的最终使用者是用户，用户对产品设计的好坏最有发言权，用户的建议对产品开发来说尤为重要。于是，小米开辟了小米论坛，让用户参与到小米手机论坛的用户界面进行讨论，并采纳用户的意见，不断改进手机版本。

近年来，直播行业的发展相当迅猛，直播与许多传统行业相融合，也成为一种潮流和趋势。因此，2016年4月，雷军试水直播，首秀就收获8万粉丝。2017年12月，为了帮助小米直播拉人气，雷军亲自直播半小时，直接为小米增加了55万粉丝，光获得的打赏就超过13万元。

雷军顺势而为的事迹，不止于此。正是因为顺势而为，雷军实现了自己的人生价值，才使得小米科技在创业道路上少走了很多弯路，使得小米抓住了更多的时代机遇，成为一家顺势腾飞的互联网公司。

下等人谋事，谋的是事情、事业。谋事的人，往往只想着事要成，甚至在尚未谋事之前，就先设想事成之后会是什么结果。这样的人，往往把事情的结果看得很重。有的人为了这些事，殚精竭虑，费尽心机，但最终的结果却与自己预想的大不相同。在受挫后，会感觉委屈至极："我已经尽力了，上天对我太不公平了。"

这就是不同的人，不同的智慧，带来的不同结果。我们做不了孔子那样的圣人，但我们可以应势而动，顺势而为，做一个懂时势、懂时局，能够把握好自己人生，充分发挥自我价值的人。

那么如何做一个应势而动、顺势而为的人呢？

1. 顺应时代发展

我们生活的这个世界，在不断变化中前进。只有那些能够顺应时代发展，能够转变思维、积极拥抱时代发展的人，才能抢占先机。如果你与这个时代格格不入，你的世界观、人生观、价值观与这个世界大相径庭，那么即便你认为你的所作所为是在为社会、为别人创造价值，也难以得到大家的认可。

对个人而言，顺应时代潮流，就是能够借力发力，那么你的努力付出，必将达到事半功倍的效果。

一个适应时代潮流的人，必然要经历四个阶段：观潮、识潮、入潮、弄潮。

（1）观潮

身处时代发展中的我们，如果对身边的人、事、物的发展看都不看一眼，觉得事不关己高高挂起，只做将头埋进沙堆里的鸵鸟，那么又如何适应时代潮流呢？要想适应时代潮流，要想顺势而为，首先应当对自己所处的这个时代的方方面面进行细致地观察。

（2）识潮

对于一些你可能当前并不理解的事情、行为、现象等，要尽可能地揭开其背后的真正原因，知其然，更要知其所以然。这才是我们顺应这个时代应该有的姿态。

（3）入潮

认识，是为了更好地融入。这就好比我们最初进入一个大的朋友圈时，我们与每一位圈友进行自我介绍和寒暄，目的是在细致了解这个朋友圈后，自己能够更好地融入其中，成为一分子。顺势而为同样如此，需要你在了解时势、时局之后，亲自加入，去感受它的汹涌澎湃。

（4）弄潮

时代潮流向前发展，需要有人去发力、去推进。此时，你已身处其中，完全可以使出自己的本领，发挥自己的聪明才智和天赋、展现自己的个人魅力，让自己成为这个时代有责任、有担当的弄潮儿，做出应有的贡献，证明自己存在的价值。

2. 顺应自己的"天资"

不同的人，天资有所不同。应势而动，顺势而为，还需要你能够带上你的天资，走自己的路。

天资，就是每个人的初始化结构。天资其实是与后天努力相对应的。天资就像是一个大容器，而后天努力则是能量。借助二者共同的力量，可以造就我们的价值人生。

3. 顺应外界条件

很多人会忽略外界条件所带来的巨大作用、所产生的巨大力量。借助可用的外界条件，为自己打造出一片天。

应势而动，顺势而为，并不意味着随波逐流，也不意味着随遇而安。而是学习如何借外界条件之"势"为己所用；如何在"势"成熟之时，借助一切可用的外界条件，大展拳脚；如何在"势"未成熟之时，等待一切成大事的条件，伺机而动。

个体时代，你就是一家超级公司

相信很多人都知道李佳琦和李子柒，他们凭借个人的努力，成就了名和利。与明星文艺作品相比，他们做直播、短视频带货的模式，商业属性更加浓烈。

李佳琦和李子柒只是个体崛起的一个代表和缩影。但不可否认的是，每年像李佳琦和李子柒这样崛起的新个体不计其数，他们的出现，使得打工者越来越少，创业者越来越多。这一切背后，离不开"价值思维"。当你真正理解价值思维之后，就会明白，自己也有无限的空间、价值等待去挖掘和开发，你也可以成为一家超级公司。

如今，互联网、移动互联网时代，人们可以通过网络将彼此连接起来，这对于优秀个体、普通个体等来讲，是一个全新的展现自我价值的机会。个体正在崛起，成为推动这个全新时代的生力军。

那么在个体崛起的时代，个人如何才能实现逆袭呢？

1. 发挥个人长板

每个人都有自己的长板与短板。正如兔子善于上坡，不善于下坡，每个人与生俱来会有优势和劣势。有劣势不要怕，重点是我们能规避自己的劣势，精确发挥自己的优势，让自身优势发挥得淋漓尽致。

如果把你的缺点和优势看作组成木桶的木板，通常，我们会认为，在短板一定的情况下，木桶所能装的水，由短板的高度决定，不论长板有多长，木桶中水的容量都是不变的。但如果我们换一种思维和角度，不妨将这个木桶以一定的角度侧放，我们就会发现，虽然短板长度有限，但只要不断增加长板的长度，木桶的盛水能力就会不断提升。此时就意味着，木桶能装多少水决定于长板。

对于我们人来讲，这一点同样适用。在劣势一定的情况下，我们应尽可能发挥我们的长板优势，那么我们所具备的价值就会更加凸显。

李子柒从小和爷爷奶奶生活在农村，本应该在父母身旁衣食无忧、快快乐乐长大，但这一切对于她来讲，都是那么的遥远。从小，她就养成了极强的动手能力，一切家务活都能轻松应对。所以，极强的动手能力，就是李子柒的长板。而李子柒也将自己的这一长板发挥得淋漓尽致。

她不但下得了厨房，做得了美味，而且还能自制古风古韵的仙女裙；不仅能拿刀杀鱼，还能耕地、收割、扛麻袋；不仅能染布、做刺绣，而且还能造纸、做木匠；不仅在展示生活本身，而且还在展示中国传统文化……

人们不知道李子柒到底掌握了多少乡村生活技能，也不知道李子柒还会给他们带来什么样的惊喜，更不知道这个女子到底蕴藏多少潜在价值。

正是凭借自己的长板，李子柒打造了个人品牌，开创了自己的一片天地。

2. 塑造个人IP

在新个体时代，个人最重要的资产就是IP。

什么是"IP"？IP在不同的时代，被赋予了全新的意义。早期，IP是指网络地址，后来又代表了知识产权。如今，IP又意味着商业形象。比如，一个图形、一个标签、一个品牌、一个人都可以有自己的IP形象。

最简单的理解就是，我们提到孔子的时候，就会想到儒家文化；提到马云的时候，就会想到阿里巴巴；提到董明珠的时候，就会想到格力。这是因为一个人的影响力、价值观在人们的心中已经形成了烙印。

IP本身自带流量，也正是因为这一点，使得IP更具商业价值。所以很多人想要打造属于自己的IP，通过IP向大家传递自己的价值，通过IP吸粉，粉丝相当于一个隐性的现金流。有IP，有粉丝，有现金流，个体才能在这个时代崛起，才能成就个人品牌，创造出可以与一家企业相媲美的价值。

在自媒体时代，即便你没有实体公司，没有启动资金，也可以成就你的个人IP。那就是根据用户喜好，塑造独特的内容、语言风格，然后输出有价值的内容，以此打造个人IP。

在知识付费领域，不得不说吴晓波、罗振宇、樊登是较为成功的。尤其是樊登，在短短的两年时间，变成了知识付费领域的第一网红，樊登读书会市值超过200多亿元。

樊登的成功关键在于他塑造的个人IP。

第一步，做个人IP定位。樊登给自己的定位是，每年带读者读懂50本书，将一本很难的书以口语化、场景化的方式分享给大家。简单来说，樊登的个人IP定位，就是"说书人"。

第二步，打造系统标签。樊登的身份是前央视主持人、媒体人，这使他本身就自带光环。在这个基础上做读书人，成功的概率会大很多。除此之外，樊登的个人标签还包括创业者的智囊、生活导师等。

第三步，个人内外包装。樊登为了塑造更好的个人IP，对自己做了内外包装。外在包装，主要是通过着装打造个人外表形象，彰显个人身份。内在包装，主要是借助自己的表演技巧和演说能力，再结合幽默风趣、逻辑性强的方法，将自己的人设很好地构建了起来。

通过以上方法，樊登打造了他的个人IP，赢得了众多粉丝。而他的樊登读书会，则像一个超级公司一样，在向用户展现价值的同时，也获得了巨额收益。

在这个个体崛起的时代，很多高手看到了这波价值红利，也开始着手布局。如果你还在持观望态度，那么你将错失这个时代赋予的大好机会。

CHAPTER 2 第二章

社交中的价值法则：
你的周围藏着你的思维和世界

科学家研究发现：人是唯一能接受暗示的动物。在现实生活中，你和谁在一起很重要，因为你的圈子可以改变你的成长轨迹，决定你的人生成败。你混的圈子，藏着你的社交思维和世界。你混的圈子的价值，在一定程度上决定了你的价值。

拒绝无用社交

在这个时代，社交对于我们来讲，是一种重要的生活方式。但社交并不限于我们相互之间说"你好"的嘘寒问暖，社交已经上升到了更高的层面。人们会把社交变成一种工作，变成一种利益关系。这一下子打破了我们的生活规律，包括增加了时间成本、减少了休息和陪伴家人的时间，花费大量时间和金钱去增进感情和维护关系。

大量时间用于社交，有的人因此而享受社交为自己带来的成功和喜悦；但也有人因为广泛社交，而让自己感到身心疲惫，到头来白忙活一场，什么也没有得到。显然，这些人的社交就是无用社交，或者说是无效社交。

相信在生活中，很多人都有被无用社交困扰的经历和感受。

在职场上，无用社交只会让你的社交变得只有数量没有质量，人与人之间的交往变得不真诚，让人脉投资成为交友活动。

在生活中的无用社交，有很多都是有苦难言的人情，如"情绪垃圾桶"式社交，和你交流永远只是向你倒苦水，张口闭口不离负能量。或者是"精神压抑"式社交，在炫耀自己条件优越的时候，还不忘挖苦你，在精神上压抑你。

1. 造成无用社交的原因

造成无用社交的原因，主要在于人们存在以下几种心态。

（1）功利心态

很多人认为，社交就能够积累人脉，拥有了人脉也就意味着拥有了更多的人际关系，拥有了更多飞黄腾达、步步高升的机会。想法是对的，但你是否考虑过，你在与别人交往的时候，是真正拿对方当朋友，还是将对方当作你成功的阶石？

社交本身是一个真心换真心的过程，你想让别人如何对待你，你首先就要怎样对待别人。你的付出和真心，别人会看在眼里，心里会感受到。当你有什么需要的时候，他们自然会为你做力所能及的事情，甚至加倍奉还。但如果你只是流于表面的客套和奉承，这种过于虚假、肤浅的社交，换来的也只是别人不走心的口头关怀。

（2）害怕孤独

人们总是用"合群"这个词来形容一个人社交能力的强弱。每一个不想孤军奋战的人，不想被大家排挤的人，不想被人认为自己不合群的人，都会急于与他人建立社交关系。

（3）依赖心理

很多人会认为，自己能力有限，或自己懒得去做的事情，可以交给自己的朋友去做。这显然是一种依附心理，渐渐地会让你失去思考和判断能力，更重要的是失去你在别人眼中的存在价值。

（4）愧疚心理

生活中，总有一类人，他们是大家眼中的老好人，什么事情总是有求必应，从不会拒绝别人的要求。这类人会将大把时间用在社交上，完全是出于不好意思拒绝别人的邀请而为，认为别人邀请自己，是看得起自己，给自己面子，自己如果不去赴约，会驳了对方的面子。

这些心理，往往会让人们的社交成为无效社交，浪费了时间，却没有得到自己真正想要的人际关系。这样的社交是毫无价值可言的。因此，面对无用社交，我们应当坚决说"不"。

如果按照社交方式来划分，我们可以将社交划分为点赞之交、点头之交、酒肉之交、生意之交、患难之交、生死之交。不同的社交方式，决定了人际关系的情感深厚程度，也决定了社交价值的大小。很多人将社交当成一种消遣活动，因此，在与别人交往的时候，往往限于相互捧场。这些无关痛痒的事情，对你的进步和成长并没有任何帮助，反而会浪费你的时间和精力。要知道，"认识很多人"并不等于"人脉广"。

2. 真正有用的社交的四个价值

真正有用的社交，必然具备以下四个价值。

（1）资源价值

对于很多人来讲，在社交过程中，没有考虑到社交价值的问题。尽管认识的人很多，却没有思考认识这些人是否能为自己带来足够的价值，自己是否能为他人带来价值？任何社交活动的参与和付出，都是为了能够在人际资源上有所收获。

比如：生病了，可以托人找最好的医生；买房，可以找人以最优惠的价格购买；装修，可以找最懂行的朋友帮忙设计装修风格；创业，可以找最专业的朋友合作共同创富……

其实，人际资源就是社交活动应该有的价值。当你的身边有无数人际资源可以使用的时候，就说明这是你用自身的价值和付出换来的。这些都是有用的社交。

（2）信息价值

我们每个人所掌握的信息是零散的、不对称的。而我们在与别人进行社交时，我们可以从别人那里获得更多，或者一些自己以前根本不知道、没有掌握的信息，如小道消息、商业机密等，这些都属于信息价值。具备信息价值的社交，也是有用社交。

（3）互惠价值

如何让自己的社交成为有用社交、有效社交？互惠法则是其中一个重要方法。所谓互惠，就是社交的每一方都要为他人提供价值，而不是一方总是付出，另一方总是索取。这样的社交才是有用社交。在进行社交的过程中，遵循互惠法则，最重要的就是要搞清楚以下几个问题：

我能给别人提供什么价值？

别人能够给我提供什么价值？

我该如何为别人提供价值？

鳄鱼与小鸟，一个凶猛，一个柔弱。从表面上看，很难想到它们之间能够相处融洽，成为好朋友。事实上，小鸟经常在鳄鱼身上找虫吃，它们还会进入鳄鱼嘴里，吃掉寄生在鳄鱼口中的水蛭。鳄鱼与小鸟之间彼此需要，形成良好的互惠共生关系。这就是自然界中的有效社交。

比如，有人邀请你去参加一个饭局。在决定去饭局之前，一定要多问一个问题：自己能给他人带来什么？如果想不到，那么你干脆就不要参加。如果没有社交价值，不管参加多么高级的饭局，你去了都难免要坐冷板凳。

在社交中，懂得互惠，才能让自己和对方赢得更多的利益。这样的社交才是有用社交。

（4）成长价值

有用社交可以成为个人成长的有效助力，每一次社交都可以看作是一次提升自我的机会。社交本质就是一场资源互换。而社交圈子仿佛是一个利益网络，社交圈子中的每个人构成了利益共同体。在这里，一个人，可以交换的价值越大，社交半径就越大，换取并掌握的东西就越多，成长得就越快。能助力成长的社交，才能算是有用社交。

真正的有用社交，即有价值社交，是需要具备资源价值、信息价值、互惠价值、成长价值。所以，社交要谨慎，拒绝无用社交。

和对的人在一起

英国杰出作家罗斯金说过一句话："聪明人常从万物中有所感悟，因为他所得到的才能，本是从一切事物中汲取的精华。"

的确，人的一生，和谁在一起，就会有什么样的人生。和努力的人在一起，你会有所进步；和靠谱的人共事，会让你心安；和优秀的人在一起，你会变得优秀。和普通人在一起，谈论的是家长里短，想的是明天；和商人在一起，谈的是生意和赚钱，想的是明年；和有事业的人在一起，谈的是梦想和价值，想的是未来。和对的人在一起，你可能会拥有超乎想象的人生。这也是我们应当遵循的社交价值法则。

一位地产大亨的司机，给他开了30多年的车，准备退休离开时，这位地产大亨想到自己的老伙伴兢兢业业跟了自己这么多年，十分感激。为了能让他安度晚年，他拿出了100万元的支票给了他的司机。

没想到的是,司机并没有收下支票,还说了一句让地产大亨感到震惊的话:"不用了,上千万我还是拿得出来的。"地产大亨很诧异地问道:"你每个月只有几千块钱的收入,怎么能攒下这么多存款?"

司机乐呵呵地说:"您在车里打电话,您说买哪里的地皮时,我也会去买一点相应地段的房产;您说要买哪支股票的时候,我也会去买一点股票。到现在我已经有上千万的资产了。"

跟着百万赚十万,跟着千万转百万,跟着亿万赚千万。跟着优秀的人,他们的品质、学识、能力、素养,都会对你有所影响和触动,会改变你的成长轨迹,甚至决定你的人生成败。你想成为什么样的人,就去向什么样的人靠近,去结交什么样的人。

如何才能和对的人在一起,成为想要成为的那个人呢?

1. 跳出舒适区

经常和舒适区的人交流和沟通,会让我们感到很轻松、很自在。但这往往是让人陷入社交瓶颈的根源,也是一种人的惰性的体现。

想要在现有的基础上有所突破,就需要寻求一个新的社交圈子去磨砺和融合。这个过程必然是一个前期让自己感到不舒适甚至恐慌的过程。

如果你发现,近期自己总是和一群让自己感觉到一起待着很舒服的人在一起,那么你就要反思了:是不是自己在原地踏步。这种状态就像温水煮青蛙，只有你跳出去，换种生活方式，你才会活得更好。如果跳不出去，你的人生也就从此定格了。

2. 结交对的人

你想结交的人，必定是那些事业有成、颇有名气的人，他们并不是我们能轻易结交上的人。以下分享几种有效的结交方法。

（1）吸引对方

想要结交优秀的人，你自己必须在某一方面优秀，至少让自己能够配得上认识的这些人。

（2）找到连接点

结交优秀的人，就需要从其兴趣、爱好等方面入手，将这些作为连接点，把你和你想要结交的人很好地连接起来。投其所好，可以让对方认为你是他的"自己人"。

（3）为对方提供价值

互利互惠才能让彼此的关系长期维持。如果你知道对方需要某方面的帮助，而你却恰好在这方面具备特长和优势，能帮助对方，那么这就是你结交对方的最好切入点。

（4）构建梯形社交

人脉在我们生活中无处不在。结交对的人，除了用自己的优势吸引对方之外，还有一个十分重要的方法，就是通过梯形社交的方式来实现。人与人之间的社交关系形成了一个庞大的社交网络。如果我们从一些比自己强大的人入手，向其寻求帮助，在其帮助下，向更高一层的人寻求帮助，就这样通过阶梯的方式一步步结交到你想要结交的人。这种方式更加容易成功。

3. 与对的人同行

与对的人同行，建立长期稳定的关系，需要你做好以下两点。

（1）真诚待人

人与人相处，最重要的是真诚。在与对方同行时，一定要拿出自己的真诚，告诉对方你真的很崇拜他，想要成为像他那样有见识、有学识的人，并请求他带着你一起"玩"。你越真诚、越坦诚，则越能表明你的真心，就越不容易被对方拒绝。

（2）保持谦逊

哲学家艾默生说过一句至理名言："一个聪明的人，能拜一切人做师傅。"一个知道自己需向他人学习长处的人，一个善于从别人身上学到长处的人，必定是一个有智慧的人。真正有智慧的人，一定懂得如何在自己崇拜和学习的人面前谨言慎行。这样别人才会不吝赐教，你才能从对方的身上学到自己想要的东西。

和对的人在一起，你从对方那里所吸收的能量越大，智慧越开化，个人成长也越快，从而变得越来越有力量。所以，要经常跟人格、品行、道德、学问比你强的人多交往，在潜移默化中，你就能吸收到这些对你的生命有益的能量，最终对自己的成长有所裨益。

构建高价值朋友圈

人本身就是群居动物，离开了广泛而又基础的社会交往生活，工作效率就会丧失，也会失去生活乐趣。所以，人际圈子对于每一个人来说尤为重要。

一个人往往会同时处于多个社交圈当中，在耳濡目染下，社交圈往往会影响一个人的思想品德和行为方向。你的社交圈会决定你的格局。

相信有不少人在很多社交圈里都有自己认识的朋友，但当自己有事需要找人帮忙时，翻开自己的通讯录、朋友圈却发现真正能帮助你的朋友却没有几个。因此，我们要做的是，平时注重高价值朋友圈的构建。

1. 改变和提升自己

你若盛开，蝴蝶自来。构建高价值朋友圈，需要明白一个真相：能力是1，人脉不过是1后面的0。只有自己的能力和实力足够强大，才能够吸引更多高价值人群向你聚拢。

如果你的实力不够，即便有人脉支持，最后还可能会与机会失之交臂。很多人终日忙于酒桌上的觥筹交错，美其名曰打造朋友圈、经营人脉，实际上这是在舍本逐末。沉下心来改变和提升自我才是正经事。而改变和提升自我的方式就是学习。

每一个人一生中都应当不断掌握新技能。如果你想要构建高价值朋友圈，你首先就应当为朋友圈创造价值，你应该花时间考虑你的朋友圈需要什么样的技能，研究什么样的技能可以满足他们的需求。明白了这些之后，你就可以有针对性地进行自我提升，可以在朋友圈内创造更多的价值了。

2. 积累社交资产

华尔街金融圈有一个"社交估值"理论：评估一个人的商业价值，只需计算这个人身边最亲密的五个人的平均值即可得知。

如果你身边的朋友个个才华横溢，各自在不同的领域有所建树，你与他们形成连接，相互影响，共同成长和发展，自然会提升你的个人估值。而这就是你的社交资产。

如果你身边的朋友，个个游手好闲、不务正业，这样的朋友自然对你的成长没有多大的帮助。

你朋友圈中的几个核心人物在圈内圈外具有巨大的影响力，那么他们的存在就是整个朋友圈最核心的部分，牢牢地吸引和维护着朋友圈的资源。因此，全方位积累你的社交资产十分重要。你的社交资产积累得越多，那么你的社交估值就越高，吸引加入社交圈的人，其整体价值也必然会相对高很多。

3. 精简朋友圈

与人交往，对方能够让我们开阔眼界、增长学识、放大格局，他便是良师益友，更是我们人生中最宝贵的财富。如果我们而与不求上进、极度自私的人交往，就是在浪费时间。

这正如：与正能量的人相处，你会充满活力，看待生活的方式也会变得积极乐观；与负能量的人相处，时间一长，你就会被坏情绪所困扰，最终成为一个消沉堕落的人。

在茫茫人海中，鱼龙混杂，我们需要做的是分辨出善恶真伪，精简自己的朋友圈。不要将时间浪费在没有价值的人和事情上。去其糟粕取其精华，这才是构建高价值朋友圈应该做的事情。

4. 权威与头衔

任何一个群体都需要一个领头者来推动其发展和进步。人们往往习惯于信任权威，甚至是信任一个代表权威的符号。如果你给自己派上一个特别的权威头衔，那么就很容易在朋友圈内取得他人的信任，成为朋友圈的领头人，赢得他人的认同和关注。

（1）角色定位

有帮助、靠得住，才是高质量朋友圈吸引人们关注的开始。所以，你首先要进行自我角色定位。进行角色定位，关键是要结合自己的喜好、兴趣，以及所从事的行业领域，选择一个适用于人际交流的角色。

（2）打造IP形象

每个人都是独一无二的存在，如果将其更好地体现出来，就需要打造IP形象。因为IP形象往往个性鲜明，更容易在大众中被识别，并得到关注。

比如，周鸿祎被称为"红衣教主"，是因为他出席重要场合时，总是以一袭红衣出现，而"红衣"也就与他的名字谐音相同。所以，"鸿祎教主"就成为周鸿祎区别于其他人的个性化IP形象。

最好在IP形象中能够展示你在某个行业所处的地位和身份，这样你的能力、专业，也就能够一目了然。大家在看到你的IP形象后，能够对你有更加快速、精准地把握，进而判断自己是否需要加入你的朋友圈，以及是否能在你的朋友圈获得自己想要的东西。

高价值朋友圈好比是一座金矿，只要你构建得好，就能为你带来源源不断的价值。

保持开放和分享的心态

人与人交往是相互的，有来有往才是最好的社交状态。懂得成全他人，其实也是在成就自己。"三个臭皮匠，顶个诸葛亮。"我们每个人的认知、学识、智慧是有限的，一个人做事情，即便你将自己的聪明才智发挥到了极致，也不能把事情考虑得更加周全，不会走得更远。但如果大家能聚在一起，共同分享、共同帮助，那么结果则会大不相同。要知道，"一个人走得快，一群人才能走得远。"如果没有融入一个社交圈中，我们可能真的会一直局限在自己狭小的认知范围内，无法进一步提升自己，突破自己。因为每一个社交圈中，不论是比自己强的人，还是比自己弱的人，都能以开放和分享的心态互相对待，那么社交圈中的每个人都能得到快速地成长。

1. 打开心扉

很多人在与别人交往的时候,总喜欢把自己包裹起来或者以一种高冷的姿态示人。其实,他们之所以有这样的表现,是因为他们没有打开自己的心扉。

如果你一直是这样,就会让人觉得难以亲近。你不能打开心扉对待别人,别人也不会拿出全部的真心对待你。

打开心扉的第一步,就是要主动和勇敢。和别人交心,要主动、勇敢地打开自己的心门,走向真实世界。这就好比是一条通向彼此内心最深处的通道,你的心门打开了,别人才能走进来,你才能走出去。

2. 分享价值信息

每个人都有和他人交流信息的需要。信息交流渠道的畅通,对每个人都大有裨益。你想要别人如何对待你,你就需要如何对待他人。当你主动将各种有用、有价值的信息分享给他人,给他人带来帮助的时候,他人必定会对你的价值信息心怀感激。当你有需要的时候,他们也会主动站出来,为你提供相关价值信息。

久而久之,社交圈内成员彼此能够以开放的心态,开诚布公地将自己的价值信息主动分享出来。当你适当地公开自己的信息时,你会发现,你不但因此得到了新的信息资源,还与对方建立起了更加牢靠的关系。这样大家互利互惠,你好我好,大家好。

拿同事之间的信息交流来说,其更为复杂,因为同事之间存在着一定的利益关系。可以在保证自己利益的前提下,做适度的价值信息分享。许多人过分强调信息的保密而导致信息封闭，影响了交流和协作。通常，只要不是独有的技术秘密，同事之间应该做到共享。尤其是公司不同部门、不同成员之间的数据信息，如果不能拿来共享，那么每个人都相当于一个数据"孤岛"，手中掌握的数据彼此孤立、无法共通，这样就给自己的工作增加了一定的难度。如果大家都能将自己掌握的数据彼此分享，就可以为彼此的工作做参考，提升工作效率。有一项研究表明：同事的帮助，至少能节省你40%的精力。你帮别人一把，下次别人也可能会帮你一把。

对于一个创业者来说，很多人担心自己的资源或信息优势会被对手知道，因此不愿意与他人分享。从心理学方面来讲，有这种思想的人，本质上是自我封闭，通常只注意自我保护、自我满足，认为分享是一种自我损失行为。但从长期发展的角度来说，你将一个企业孤立起来，是很难获得长足发展的。由于个人能力和资源有限，想要真正立足，只能用一种开放和分享的心态，想办法与人合作。

萧伯纳说过这样一句话："你有一个苹果，我有一个苹果，彼此交换一下，我们仍然是各有一个苹果。如果你有一种思想，我也有一种思想，我们相互分享和交流，双方就拥有了两种思想，甚至更多。"

萧伯纳的这句话，对信息共享的特征做了很好的诠释：信息不会像物质一样，因为共享而减少或不变，反而因为共享而衍生出更多。在与他人相处的过程中，保持开放和分享的心态，你与对方可以实现共同成长，打开彼此共赢的局面。

CHAPTER 3 第三章

做事中的价值法则：
一切坚持守心法则

一个人，无论做人还是做事，都要遵守一个价值法则，那就是守心法则。很多人做事，总是爱跟风，别人做什么就去做什么，心中缺少一把衡量价值的秤。你人品好，本心在，抱有利他之心行事，别人才会和你长久相伴，你的一切才会向好的方向发展。

做事有格局，人生才能有高度

同样是奋斗和拼搏，有的人一生风生水起，有的人却一事无成。两者相比较，为什么你也努力了，资质也出众，却最终难以取得突破呢？根本原因在于格局大小不同。

格局的大小，决定了一个人的人生高度。格局小的人，往往眼界不高，因此限制了他的成就；格局大的人，往往眼界高远，因此造就了他的人生高度。

任正非真正厉害的地方，是他的格局。任正非说，他的家人也有人在用苹果的产品，不是说用华为的产品就是爱国，不用华为的产品就是不爱国。华为就是商品，好的话我们就用。

众所周知，华为的5G技术水平目前已经领跑全球，其生产的巴龙5000 5G芯片是以后手机终端市场中的关键性技术。在外界看来，华为一定会对这项极具市场竞争力的技术高度保密。然而，谁也没想到，华为并没有这么做。相反，任正非在接受CNBC采访时表示：华为将向所有品牌商开放巴龙5000 5G芯片的销售，其中包括华为的主要竞争对手苹果公司。

在任正非看来，在当前全球化时代，没有哪一个国家，哪一个企业可以孤立存在。所以，任正非表示，5G是造福全人类的技术，它会创造新的财富。华为不做技术垄断者，愿意将5G技术分享给世界。我们谋求的是人类的幸福，不怕竞争者，只要我们的实力在持续增强就好了。

一个伟大的企业背后，一定有一个具有世界级格局的人物，实力决定一个人能够走多久，但只有格局才能决定一个人能够到多高。

从任正非身上，我们真切体会到了"格局"两个字的含义。真正有格局的人，在做人做事的时候，需要具备哪些特质呢？

1. 有胆量，敢冒险

一个人未来的发展和机遇如何，一切都是未知的。即便你很努力，付出了很多，也有失败的时候。所以，风险总是存在的。但有格局的人，往往不惧风险，充满了冒险精神。他们在看到值得自己为之努力和付出的事情时，他们敢想敢做，毫不犹豫。所以，他们能够抓住机遇，勇往直前。

2. 有眼光，看得远

一个人的格局，也取决于其眼光，能否看得高远。眼睛能够看得到的地方，是视线；眼睛看不到的地方，是眼光。有的事情，如果只放在当下去考虑，那么你只能装得下谋生的饭碗，获得的只能是蝇头小利；如果从长远考虑，那么你获得的是未来长远的利益，拥有的是一个真正的人生大舞台。

与《海贼王》《死神》齐名的《火影忍者》，其作者岸本齐史，原本是一个内向的小青年。他一开始就钟情于忍者系列的动漫，并在该领域崭露头角。但在日本，漫画的竞争异常激烈，岸本齐史很快就发现，只靠自己的爱好去创作是很难坚持下去的。所以，为了保住谋生的饭碗，他选择了"妥协"，开始根据市场的喜好和需求来创作，这使他逐渐沦为了一个画画机器。虽然赚了不少钱，但对于岸本齐史来说，这离他的本心越来越远。幸运的是，岸本齐史有一位非常赏识他的主编，劝他不要为了赚钱而画画，不要因此浪费了自己的天赋。

听了主编的一席话，岸本齐史开始醒悟。他发现，自己的确保住了自己谋生的饭碗，但自己的创作视野也因此变得狭隘起来，使自己逐渐成为一个工具人。他意识到自己不能再这样继续下去了。于是，他改变了这种商业性的创作方式，开始追随自己的初心，摸索自己的创作风格。之后的几年时间里，岸本齐史的收入下降，这使他一度变得落魄至极，有时候连吃饭都成问题。但他还是咬紧牙关坚持了下来，最终凭借《火影忍者》在全亚洲甚至全球为自己打开了一片新天地。

如果岸本齐史只是为了谋生的饭碗而创作，那么他也不会有太大的舞台，更不会有享誉亚洲乃至全球的机会。一个人，眼光是否长远，决定了他的格局大小。

3. 有智慧，看得清

真正有格局的人，往往是那些颇具智慧，能透过表象看到事物本质的人。他们往往对新鲜事物具有很强的洞察力和判断力，他们能看清时势；他们对当下现状能做客观审视，明白自己想要什么，明确自己的奋斗方向。

4. 有自律，勤行动

有格局的人，往往也有很强的自律能力，以及很强的执行力。他们之所以自律，是因为他们知道自己真正想要的是什么，要过上什么样的生活。他们将所有的心思都放在如何提升自己的行动上。

世界公认的投资大神巴菲特，在一次接受采访时说过："有一种投资，好过其他任何的投资，那就是投资自己的身体和头脑！没有人能夺走你自身学到的东西，每个人都有这样的投资潜力。"自律的人，往往知道如何去投资自己，让自己变得强大，变得优秀，变得无人能取代。自律的人，时刻克制自己，在不断磨炼中，让自己不断提升和升华。

有大格局的人，他们的自律，并不是逼迫自己做不喜欢的事情，而是把习惯的事情变成自己喜欢的事情，甚至变成自己热爱的事情。

　　林清玄从三年级的时候，就开始坚持每天写作500字。后来，他写到每天3 000字。直到60岁时，他仍然要求自己每天写3 000字，不为发表，只是为了练笔。

　　做人做事，一定要有大格局。只有站得更高，看得更远，才能做得更大。

匠心精神：坚持做好一件事

在这个快速消费的时代，人们追求快速获利、快速成功，更加崇尚用短时间获取最大的收获，以此来改变自己的人生。

渐渐地，很多人养成了一种习惯，一生中会规划很多事情，什么事情都想去尝试，结果能坚持下来的人却少之又少。有的人，一辈子的理想就是做好一件事情，他们几十年如一日，穷尽一生只为做好这一件事。

匠心精神，通常用来描述那些执着于一门手艺的手艺人，他们爱岗敬业，精益求精，将自己的一生都奉献给了这门手艺、这项事业，将其做到极致的精神。这也是当代人做人做事应有的价值观。

纪录片《我在故宫修文物》，讲述的是故宫文物修复工作者的故事。他们看似普通，却个个身怀绝技，能够将原本破损的陶瓷、绣品、书画、青铜器等加以修复完好。比如，一个修表师傅，修好一个文物表，需要用200多天的时间；一个修瓷器的师傅，给一个地方着色，可能就要画上好几万笔。这些无不体现着一种难能可贵的匠心精神。

冈野信雄，是日本神户的一名小工匠。30多年来，他坚持只做一件事，那就是旧书修复工作。在别人看来，他整天都在做一件枯燥无味的事情，但冈野信雄却对此乐此不疲，最后还做出了奇迹。那些破旧不堪、污渍满满的书，经过他的手，就会恢复如新，像被施了魔法一样。在日本，像冈野信雄这样的工匠有很多，他们遍布竹艺、金属网编、铁器等许多行业，工作起来追求近乎神经质般的完美。他们对于自己的工作从未感到厌倦。

这样的匠心精神，有多少人能做到呢？

匠心精神，并不局限于制造领域或手艺行当，关键在于"精神"二字的传承。匠心精神更宽泛的含义，可以延伸到工作、事业等方面精益求精的态度，把一项工作、一件事情当作一种信仰去追求。匠心精神教会我们在生活和工作中如何做人做事。

1. 克服三分钟热度

现在，很多人做事情，开始前兴致勃勃、满腔热血，但真正开始着手去做的时候，却只有三分钟热度，不能长久地坚持去做这件事情，最终导致所做的事情中途夭折。这样，你所做的一切都毫无价值可言。

要想克服三分钟热度，需要你做好以下3件事情。

（1）做好自己的生活、工作规划

做任何事情，首先要做好详细的规划，然后再列出一份详细的清单，这样你想要做的每一件事、每一项工作任务，都可以一目了然。

（2）将事情、任务细化

如果一件事情、一项任务对你来说，工作量太大，那么你可以采用"减法"的方法，将事情或任务进行分割。然后按部就班地分阶段完成。当每个细分任务完成之后，那么整个任务也就完成了。

（3）做好自我管理

一个人的内驱力是推动他去做一件事的内在动力。内驱力不足的人，往往是由于对失败的担忧或先天的懒惰造成的。通过强迫的方式，试图令自己坚持做好某件事情，成功的概率并不会很高。

做好内驱力的自我管理，就需要停止自我对抗，让自己以一种最放松的方式去做这件事，将做这件事变成一种习惯。当一种习惯养成之后，做这件事情就是一种意识层面上的自我管理了。

2. 简单的事情重复用心做

一个人的精力是有限的，只有将全部精力专注于做一件事情，重复多次去做这件事情的时候，你的精力价值才能达到最大化，才能将这件事情做到更加完美。任何看似简单的事情，通过用心打磨，将其做到极致，都可以获得成功。

在世界泳坛上，有一位传奇人物，他就是迈克尔·菲尔普斯。在迈克尔·菲尔普斯很小的时候就出现坐立不安、注意力不集中的症状。经检查发现，他患有注意力缺陷障碍伴多动症。这使得他总是快速从一件事情转向另一件事情，做事情缺乏持久性，最后导致哪一件事情也做不好。

1995年，一名游泳教练发现了迈克尔·菲尔普斯在游泳方面的天赋。于是，这名教练开始帮助迈克尔·菲尔普斯专攻游泳。迈克尔·菲尔普斯一心扑在游泳上，可以说他几乎把所有的精力都用在每天的游泳训练上。5年之后，迈克尔·菲尔普斯在一次比赛中崭露头角。2004年，雅典奥运会上，年仅19岁的迈克尔·菲尔普斯夺得了6枚金牌和2枚铜牌。此后，在2008年北京奥运会上，他又狂揽8枚金牌。在2016年里约奥运会上，他再创辉煌，拿下了5金1银。

最终，迈克尔·菲尔普斯以23枚金牌的辉煌成绩，成为奥运会史上获得最多金牌的运动员。除此之外，他还在世界锦标赛上夺得了26枚金牌、6枚银牌和1枚铜牌。

迈克尔·菲尔普斯的实力如此强大，谁也不会想到这个在赛场上辉煌的人，曾经患有多动症。他的成功在于能够克服多动症，并长期坚持游泳训练，让自己的游泳技术不断精进。由此可见，简单的事情重复用心做的力量。

会做人，才能做大事

相信很多人会遇到过这样的情况：

在解决棘手问题时，明明这个人的逻辑不是很清晰，思路也不是很严谨，而他能在大多数人的帮助和支持下将问题迎刃而解；

在结交朋友时，他总是能和那些成功人士称兄道弟，并在关键时刻给予他指点和帮助；

在工作中，他的工作能力并不是最强的，却能拥有一帮愿意喊他"老大"，愿意在工作上尽自己最大的能力给予他帮助的下属。

很多人对于这样的奇怪现象感到颇为迷惑和不解，因为他们没有透过现象挖掘背后的本质原因。

著名人际关系学大师戴尔·卡耐基说过："一个成功的人，15%来自他的专业知识和技能的影响，85%靠他与别人相处的方式和方法。"可见，一个人，不论年龄如何，从事何种职业，身处什么圈子，先做人后做事。不会处理人际关系的人，必将处处碰壁，甚至会遇到更多难以想象的麻烦。

做事先做人，体现的是一个人的智慧和修养。一个人，不论你有多聪明，多能干，多博学，多富有，如果不懂得如何做人，如何做人品好的人，那么你的前途和事业就会因此而受到影响。

很多人经常感慨："做人难，难做人。"其实，他们是没弄明白究竟该如何做人。做人，虽然看似小事，实则不然。这其实是一门艺术，也是一门学问。

一个人，真正的财富，不是美貌，也不是金钱，而是人品。人品好，是一个人立人立业的根本，也是一个人最硬的底牌。做人，其实就是为自己攒人品。会做人，才能做大事。

1. 做人要善良

善良，就像是一丝甘泉，能滋润万物。善良的人，内心纯洁，为人温和，没有恶意。这是做人的关键。

善良的人，或许会被人利用，或许会吃亏受伤，但最终他们会有好报，受人敬仰。一直善良下去，只问初心，不问得失，终会发现好运其实一直尾随在你身后，悄然而至。

2. 做人要正直

一个人的身形如果发生了弯曲，那么他的影子也会随之弯曲；一个人的身形如果十分笔直，那么他的影子也会十分笔直。

做人要加强自我修养，做一个正直的人。行得正、坐得直，才是一个人该有的高大正直的样子。你待人正直,做事公正不阿,为人处世有原则,老老实实按规矩办事,不走歪门邪道,靠素质立身,自然能迎来别人的尊重和信任。正直是为人处世的基础和根本。正则品端,直则人立。很多人交友、很多企业用人,第一位看的就是对方人品是否正直。

正如马化腾在一次《财富》论坛上所讲:公司的几位投资合伙人,包括公司培养的经理人、投资人,价值观都是一致的。而公司的价值观,第一个就是正直,就是人品要特别正直。如果缺乏正直,哪怕能力再强,也不会要这个人。

3. 做人要真诚

《庄子》中有这样一句话:"真者,精诚之至也,不精不诚,不能动人。"做人贵在真诚,才能打动人心。

如果你想拥有一份真正的情谊,想建立更好的人际关系,真诚是打开你与他人心门的钥匙。唯有真诚才能换来他人的信任,才能赢得世间的所有真情。

真诚的人,其内心是纯净无污染的,其外在表现就是真实不虚伪。在与他人交往的时候,没有半点欺骗,不藏半点占便宜心理,不以敷衍搪塞的方式对待每一个人。如果你时时表现出真诚的态度,处处透露着真诚,你会发现,生活会变得截然不同。你付出的所有真诚,都会在某一个时间获得真诚的回报。你拿出了多少真诚,就会换来多少回报。世间就是这样,你用真诚去对待他人、对待世界,你会发现生活中也处处充满真诚,并能收获意想不到的惊喜。

4. 做人要厚道

《易经》中有这样一句话:"君子以厚德载物。"为人处世,待人厚道,彼此之间的关系才能持久。

李嘉诚曾告诫自己的儿子:"和别人合作,假如你拿七分合理,八分也可以,那我们李家拿六分就可以了。"

正是因为这个"六分哲学",让李嘉诚的生意越做越大。也使得越来越多的人,从李嘉诚这里学到了经商智慧。其中一位就是全盛房地产开发公司董事长林正家。

林正家当年在事业没有起色的时候,路过一家书报亭,买了一份报纸随便翻看,此时,他突然被报纸上的一段话,如电光石般击中了。后来,他以一万元的本金,东山再起。这次,他的生意像被施了魔法一样,从杂货铺到水泥厂,从包工头到建筑商,一路顺风顺水。在短短几年的时间里,林正家的资产就过亿了,在商界缔造了一个令人称奇的神话。

在一次采访时,有很多记者好奇地追问他东山再起的秘诀,他言简意赅地说出了四个字:"只拿六分。"

又过了几年,林正家的资产达到了一百亿元,生意如滚雪球一般越做越大。在一次大学演讲时,有学生不断提问他从一万元到一百亿元的秘诀,他笑着,回答却与之前无二:"只拿六分。"

学生们好奇急了,在继续追问下,林正家说出了那段往事:当年他在一家书报亭的报纸上看到的那段话,讲述的正是李嘉诚的"六分哲学"。他当时看完这段话后,明白了一个道理:做人的最高境界，就是厚道。那些成功人士，他们的最精明之处也是厚道。做生意，总是让别人多赚两分，每个人都知道与他合作会有便宜占，自然会有很多人愿意与他合作。如此一来，看似少拿了两分，实则换来了更多的生意。

一个人能够实现可持续发展靠的是合作共赢。小胜靠智，大胜靠德。为了眼前的一亩三分地与人斤斤计较，是常人所为；能懂得利他者，懂得与他人分享利润，是超人所为。厚德是福，待人厚道一点，你所收获的必定会超出你所惠及的。

5. 做人要宽容

常言道："退一步海阔天空。"一个人的胸怀有多宽广、格局有多大，就会有多成功。如果一个人终日将一些小事放在心上，食不能寐，夜不能寝，那么他还有什么精力和时间去做有价值、有意义的事情呢？

用一颗宽容的心，并不是一种软弱，而是一种以退为进的策略。以宽容之心待人，看似是原谅了别人，其实是给自己的心灵松绑，你包容了别人的同时，也会让自己的路越走越宽。如果一味固执己见，耿耿于怀，只能让矛盾不断激化，冤冤相报何时了？这样不利于你的人际关系发展，可能会成为你人生、事业路上的绊脚石。凡事争则两败，让则两利。

人生在世，要想成大事，必须先做人。只有不断提高自己的修养，提升自己的人品，才能积攒更多更好的人脉，为你的人生和事业带来更多成功的机会。

团队思维：成就一个人不如成就一群人

老子说过一句话："江河所以为百谷王者，以其善下之。"其中的"善下"，并不单纯指要把姿态摆低，更重要的是要"灌溉润泽万物"。

简单来说，老子这句话的意思是，要做真正的王者，绝对不是打败所有的对手，而是要用德行善举感化众人。如果一个人能够想方设法团结别人，将所有的人都能收入麾下，并帮助别人，那么你才能算是一个真正成功的人。换句话说，一个人能有多大的成就，不在于自己战胜了多少人，而在于自己帮助了多少人，成就了多少人。这就是典型的团队思维。

很多人非常享受那种成功后受万众瞩目的感觉。《孟子》有云："独乐乐不如众乐乐。"一个人欣赏音乐的快乐，不如和众人一起欣赏音乐快乐。同样，做人做事，一个人的成功所带来的欢乐，不如带领大家一起成功的欢乐更加有意义、有价值。

　　2016年4月的一天，一大群人带着悲痛的心情纷纷赶来参加比尔·坎贝尔的葬礼。你可能没有听说过比尔·坎贝尔的名字。但那天前来参加葬礼的人，有谷歌创始人拉里·佩奇和谢尔盖·布林、脸书创始人马克·扎克伯格、苹果CEO蒂姆·库克、亚马逊创始人贝佐斯等。

　　在硅谷，能有这么多人同时聚在一起，参加一个人的葬礼，那么这个人一定不简单。那么，比尔·坎贝尔又是何方神圣呢？他为什么能有这么大的能量？

　　其实，比尔·坎贝尔是一位伟大的高管教练。他帮助过很多初创公司的创始人以及核心团队走过他们事业的高峰和低谷。在硅谷，他被誉为"创作硅谷奇迹的幕后英雄"。没有他，谷歌、脸书、苹果、亚马逊的几位创始人和CEO，也就不会有如今辉煌的成就。

　　凭借自己的能力成就自己与凭借自己的能力成就别人相比，后者的价值要远胜于前者。

优秀的人，成就自己；卓越的人，成就他人。成就一个人，不如成就一群人。

1. 为别人着想

通用电气CEO杰克·韦尔奇多次说过："一流的CEO首先是一名教

练，伟大的CEO就是伟大的教练。"不管生活还是工作中，一个能够发自内心为别人着想、成就别人的人，其实也是在成就自己。这是一种做人做事的境界，更是一种大智慧。

有一次，一名商人在生意中惨败，急需大笔资金周转。无奈之下，他登门拜访，找胡雪岩帮忙，开出低价让胡雪岩收购自己的产业。胡雪岩并没有因为这位商人在商场上失败而怠慢他，相反，在经过调查之后，胡雪岩发现情况属实，便立刻调了大量现银，并以正常的市场价收购了对方的产业。

胡雪岩对这位商人说，自己只是代为保管他的这些抵押资产，等到这位商人挺过难关之后，随时可以回来赎回自己的东西。胡雪岩的一番话，让商人感激万分，二话不说，便签了协议。之后，他带着对胡雪岩的敬意，含泪离开了。

后来，商人东山再起，生意做得越来越好。他到胡雪岩这里赎回了自己的产业。胡雪岩因此也多了一位忠实的合作伙伴。在那之后，人人都知道胡雪岩的这一义举，官府和百姓对胡雪岩尊敬不已，胡雪岩的生意也像滚雪球一样越做越大。

一花独开不是春，万紫千红春满园。你好我好大家好，才是真的好。任何时候，不要自私地抱着"事不关己高高挂起"的心态，要保持一颗滚烫炙热的爱心，与人为善，助人为乐，要学会维护别人，维护团队的利益，就能让自己受益。成就他人的人，一定能成就自己。能够舍弃小我的人，就能成就大我。这就是最好的人生。

2. 做好帮、传、带

当你把自己活成一座孤岛时，只关心自己的成长，认为全世界都应当仰慕你，认为全世界都是你成长路上的对手和绊脚石。如果你活成世界的一分子，认为大家一起成长了、成功了，你会为此感到开心和高兴，那么你就会发现生活中处处是美好的。

心态变了，你也就变了。人与人之间相处，最好的状态就是相互提携，相互成长，相互成就。

什么是成就？就是发现对方的优点、长处，并让这种长处得以培养、发挥和施展，让对方成为最好的自己，让自己更具价值。

无论在交友还是与同事相处的过程中，做好帮、传、带，和身边的人共同成长，一起成功，你会发现成就他人，其实就是成就自己的最好捷径。

帮，即尽自己最大的能力去有帮助需要帮助的人。

传，即把自己所掌握的知识、技能、资源、经验等传授给身边的人。

带，即用自己研创的科学、有效的方式、方法，带领大家一起走向成功。

喜欢送花的人，周围满是鲜花，而且手留余香。一个人的能力是有限的，所创造的价值也是有限的，众人拾柴火焰高，一群人所创造的价值，甚至会超过每个人的价值叠加之和。一个人可能走得更快，但一群人会走得更远。

CHAPTER 4 第四章

职场价值进阶：
从菜鸟到达人的蜕变

很多初出茅庐的年轻人，进入职场后，慢慢经历过职场的历练，在生存法则的指引下，都会从菜鸟向达人蜕变。职场不是一个一劳永逸的地方，时刻面临着淘汰和竞争。我们唯有让自己永远保持竞争优势，唯有不断提升自身的价值，才能在职场中永立不败之地。

每个岗位都可以创造价值

在通往梦想的路上，每个人平凡却伟大。立足岗位，追求梦想，是实现自身价值最直接的路。

在这条路上，很多人会认为，职业和岗位有贵贱之分。那些身居高位的领导者才能为企业创造价值，在企业发展过程中起到举足轻重的作用。而自己身居企业链的底端，自己的存在可有可无。

事实上，这种思想是错误的。职务有高低没错，但岗位无贵贱。每个岗位上的人，都可以创造价值。

企业的成长和发展离不开每个岗位成员的共同推进。只有每个"器官"都运作起来，才能保证公司的正常、高效运转。不论是企业高管，还是保洁、保安人员，都有其存在的价值和意义。只不过创造价值的方向有所不同，创造价值的大小有所差异。任何一个岗位出现微小的变化或失误，都可能给公司带来致命的伤害。

因此，我们要做的就是尽自己最大的努力，在岗位上实现自己的价值。

1. 树立大局思想

每个岗位成员都是公司的一分子。企业在市场中竞争，就好像打仗一样。前方需要有人冲锋陷阵，后方需要有人全力做好保障，谈不上谁付出得多，谁付出得少，大家都为了公司能够打赢这场仗而共同努力。因此，要时刻以大局为重，为了打赢这场仗，每个岗位都有存在的价值。同时还需要多做反思，多问问自己，与别人相比自己还缺少些什么，存在哪些不足，需要在哪些方面做自我完善和提升。

雷锋之所以伟大，除了他能够将有限的生命投入到无限的为人民服务的伟大理想中，还在于他能够以大局为重，甘愿做一颗小小的螺丝钉。

2. 构建自我驱动思维

很多职场人，尤其是刚从学校走出来的实习生，他们中有不少人经常会认为自己是新人，即便在工作上偷个懒、出个错，也是情有可原的。这句话可以进一步推广，适用于其他岗位：我只是个设计师，我只是个销售员，我只是个小秘书，我只是个小文员……

抱有这种思想的人，往往是自我驱动能力较差的人。当你用雇员的眼光来看自己的岗位工作时，你的能力上限也就被局限在这个岗位的范围内了。这样，即便你再优秀、水准再高，也无法给企业创造出超出期望的价值，无法给企业带来惊喜。

因此，要构建自我驱动思维，用自我驱动来突破自己设置的这道"天花板"。那么，或许你的能力只允许你拿60分，但在自我驱动下，你或许可以拿到80分、90分，甚至100分。很多时候，并不是我们在自己的岗位上难以提升自我价值，也许只是因为我们对自己的要求不够高。

3. 摆正自我心态

有的员工在自己的工作岗位上，持有一种"当一天和尚撞一天钟"的思想，或者持有一种"拿多少工资，干多少活"的思想，认为自己贡献的价值应当和自己拿到的工资对等。

在利益最大化的企业竞争中，老板只会选择保留和重用那些优秀的、有价值的员工。如果你持有这种思想，无法摆正心态，那么你就是最先被剔除的那一个。

相传，在山脚下有三个匠人在建造一个教堂。一天，有人路过，走上去问他们在干什么。第一个石匠回答："我在混口饭吃。"第二个石匠回答："我在做世界上最好的石匠活。"第三个石匠眼中充满光芒，说："我在建造一座大教堂。"十年后，第一个石匠的手艺毫无长进，丢了饭碗；第二个匠人成为一个技术娴熟的石匠师傅；第三个石匠则成为著名的建筑师。

这个故事说明，同样一份工作，在不同的人眼中，其代表的意义不同，则会产生截然不同的结果。只有那些目标远大、热爱工作、不懈努力的人，才能最终成就自我。即便处于平凡的岗位，也能创造出惊人的价值，成就一份伟大的事业。

4. 从日常点滴做起

对于身处职场的每个人来说，所谓创造价值，就是在自己的岗位上尽职尽责，做好自己的本职工作，并为公司产生积极的作用和影响。而为公司产生作用和影响，最基本的要求就是在其位谋其政，从日常点滴做起。

一个企业，就好比是一个作战部队，分工明确，有步枪手、狙击手、通信兵、火炮手、指挥部等，不同的人，在其中担任不同的岗位，承担不同的任务和责任。

虽然我们所处的岗位可能是最为平凡的，但只要在自己的岗位上勤恳工作，对自己的一言一行负责任。只要将自己的本职工作做到精益求精，做出业绩，得到同事和领导的认可，那么你就可以在自己的岗位上创造价值。

5. 提升自我行动力

当然，如果你在工作中，热衷于提出各种想法、点子、创意，这固然是好事，但如果你整日停留在这些想法上，却不付诸行动，那么你的这些想法也只能是想想而已。想法是否有价值，关键在于是否被执行。真正有价值的想法，是在岗位上真正能落地、能实现的东西，而非纸上谈兵。

生活中的绝大多数人都要靠自己的努力才能立足职场。从基层到高层，在每一个平凡的岗位上都可以实现自己的理想，展现自己的价值。

用价值思维经营自己的人生

路旁的一块石头，往来的人很多，却从来没有人能注意到它。但由于艺术家认为它的纹理十分有艺术价值，就给其定出了极高的心理价值，最后竟然使得这块石头变成了稀世珍宝。

同样的道理，如果一个人能够保持一定的思维高度，那么他的生命就会变得精彩万分。思维高度决定了人生高度。如果你能用价值思维经营自己的人生，那么你必然能够站得高、望得远，拥有更具高度的人生。

1. 谦卑

相信很多人会满足于现状，并产生强烈的优越感，认为自己已经很优秀了。但这种优越感一旦形成，人的死穴也就形成了，这将成为我们提升自我价值道路上的最大障碍。

在职场上恃才傲物的人，往往太过张狂。他们被自己的傲慢蒙住了双眼，只能看到井底的风光，却看不到井外的风景。这个世界上有很多比自己优秀的人，从你所在的职业领域画圆，你能够看到的和影响到的也仅仅是这个范围。你应当跳出这个圆，用谦卑的心态向更远处看，此时你就会发现比你优秀的人比比皆是。

人与动物相比，拥有一个无可比拟的大脑。只要你足够谦卑，善于学习，那么任何一个人，不论职位高低、业绩高低，都有值得你去学习的地方。取人之长，补其之短，这样才能成就更好的自己。

越丰满的麦穗，头垂得越低。人也要弯下腰来保持谦逊。只要常怀一颗谦卑之心去学习和进取，就能不断积蓄能量，在职场中更具价值。

2. 无可替代

经常有人会夸大自己的价值。真正判断一个人是否有价值，关键在于这个人离开社交圈、离开集体后，是否会对社交圈、集体产生"大地震"，甚至某些业务因为你的离开而瞬间"瘫痪"。换句话说，你的价值大小，取决于你的不可替代性有多大。也就是说，你的工资、你的地位、你的存在感，都来自你的不可替代性。那么，如何让你自己更具价值，不可替代呢？

（1）人无我有

人无我有，即自己所掌握的资源、经验、技能等，是别人所没有的。当你拥有更多别人所没有的东西时，你就是不可替代的。

（2）人有我优

人有我优，即你所掌握的各种资源、经验、技能等优势，别人也都有。此时，你就需要对自己所掌握的东西不断进行优化和提升。当你的各项优势比别人优秀的时候，此时你就是不可替代的那一个。

（3）人优我尖

人优我尖，即当别人所掌握的各种资源、经验、技能等比你更加优秀时，你就需要在这些方面向更高阶段攀升，达到出类拔萃甚至成为顶尖级选手。此时，你是任何人都无法取代的，同时，你自身的价值也是最高的。

3. 不断和理想中的自己做对比

当你打败一切竞争对手，"一览众山小"的时候，也往往是最孤独的时候，是最容易骄傲自满的时候。此时，如果你满足于现状，那么你的价值也就无法再有所提升。所以，你应当不断和理想中的自己做对比，多问问现在是否是你最理想的样子？你理想中的自己是什么样子？然后再对比当下的状态，找出差别，找出短板，然后设定一个超越自我，实现理想的计划，然后一步步接近这个目标。

例如：

理想：当一名华东区销售经理。

现实：刚进入该销售部不久。

短板：虽然拥有丰富的销售经验，但缺乏管理经验。

计划：1~6个月内，让自己的销售经验上升到更高高度；学习和掌握销售管理方面的相关书籍和内容。

  目标：6个月后，历练和加强销售管理工作，逐步接近预设目标。

我们完全可以把理想中的自己当作一面镜子，要经常反复"照"，才能发现自己当下的不足，以及有待提升的空间。

在创造企业价值中实现个人价值

企业经营的核心目的就是通过创造价值换取利润回报。企业中，人的角色就是领导和员工。对于员工而言，他们更加关心的是能否领到自己应得的工资，并且能够按时完成工作；对于企业而言，希望员工能为其创造更多更大的价值。所以，员工总是认为，自己和企业是两个对立的点，存在不可调和的矛盾。其实不然。

企业在激烈的市场竞争中，一定离不开员工的共同努力。员工与企业之间的关系相辅相成，荣辱与共。作为一名员工，在企业中的基本职责就是为企业创造价值，员工与企业之间的关系，也因此而得以持续下去。企业绝不会花钱养那些混日子的人。当你为企业创造了显著的价值，企业有了良好的发展前景，也会担心损失你这样的价值员工，自然也就不会亏待你。

事实上，你在为企业创造价值的过程，也是你实现个人价值的过程。

那么，员工该如何更好地为企业创造价值呢？

1. 有长远之见

虽说一个聪明的老板需要有长远的目光去考虑公司的发展，但作为一名员工也应当具备长远之见。

有前瞻思维的员工，虽然干的是自己岗位上的工作，却能看得长远，他们知道自己该做什么。在做事之前，他们都会考虑这件事情的半衰期，也就是利益随着时间的推移而衰减的速度。

半衰期短的事情，只能给人带来短暂的愉悦；半衰期长的事情，会让人在未来很长一段时间内都能获利。

这也是为何那些有长远之见的人，会经常加强自我学识、技能、资源积累的原因。他们在做每一件事的时候，不管是学习知识，还是训练技能、积累资源，每一次自我提升，都像是在铺下一块砖。前期工作的不断积累，到了一定程度时，就会厚积薄发。他们能把未来的道路，砌得更宽更远。

因此，在别人眼中，他们总是能快速跟上公司的步伐，跟上公司的发展，甚至能迎合整个市场环境的发展趋势，走在公司变革的最前列。

一个人，想得远，才能做得对，才能走得远。这样的员工，总是能提前预测到市场可能发生的变化，并提前做好防范措施；他们还能给公司的发展方向提出更有价值的建议。这样的员工，有远见，能够给公司的发展带来更多价值。他们在成就企业的同时，也成就了自己。

2. 站在公司利益角度出发

当员工利益和企业利益放在一起需要选择的时候，绝大多数员工选择了个人利益。人都是有私心的，这是人之常情。但也有一小部分人，会保持一种大局观。这些人对于公司来说，是非常难得的。他们十分清楚，只有公司盈利了，才能保住自己的发展，甚至可能因为自己为公司创造了价值，而间接获得自我价值的提升。

所以，你在工作中，如果遇到问题，能站在公司利益的角度出发，并为了公司的发展而主动舍弃个人小利的时候，你就是在为公司创造价值的人，这也足以体现出了你拥有的个人价值。

3. 喜欢探索和尝试

一个喜欢探索和尝试的员工，对新鲜事物充满好奇，具有很强的创造创新能力。他们往往能给企业带来新思路，从不同的切入点找到更加高效的工作方法和捷径，并能为公司带来更具创意的点子。这些脑回路清晰的点子往往能够使公司在竞争的时候更具优势，或者赢得更多的商机。

因此，你要时刻保持一颗大胆探索和敢于尝试的心，并将其付诸实际工作中，以此来实现你的个人价值。

4. 成为多面手

一个员工涉猎的知识、技能有多广，他的能力就有多大，就能为企业创造多大的价值。"多面手"员工，在企业中非常受欢迎，也是企业求之不得的员工。

这其实就是著名投资人查理·芒格提出的"多元思维模型"。他认为，人要在头脑里形成思维模型的复式框架，这样在处理问题的时候，就能手到擒来。

查理·芒格本身就是一个涉猎很广的人，他平时积累和储备了很多方面的知识和经验。比如他做投资分析的时候，就会结合多种学科的方法和公式，包括心理学、数学、工程学、统计学、经济学等。

一个员工，如果也能成为多面手，拥有多元思维，那么与其说他是一个人，不如说他更像一支队伍，在工作中必然能博采众长、独当一面，为企业创造更多的价值。这样的人，在老板眼中是极具价值的员工。

今日头条的创始人张一鸣就是一个典型的"多面手"。张一鸣出身于软件工程学，他刚走出校园进入职场的时候，不但喜欢编程，还喜欢跟产品经理学设计理念，跟营销经理学商务谈判……

所以在创业之前，张一鸣就已经构建了完整的知识体系，其思想结构也已经非常全面。

5.主动寻找进阶方法

在职场中，有不少人是带着被动心态工作的，他们喜欢应付差事，还总是觉得自己的工作琐碎复杂、无聊至极。

有的员工，则是带着主动的心态去工作和思考，即便是平凡的工作，他们也能主动寻找一些更加高效、快捷的工作方式和方法，提升自己的价值。

相信有很多人认为工厂的流水线工作毫无技术含量，而且索然无味。于是，他们就像一个冰冷的机器一样机械地工作着。

但有的员工，虽然工作岗位平凡，工作内容单一，但他们却因为善于思考、发现和总结，能够将一个简单的从生产线上成品螺丝钉收纳，做到单手操作，其工作效率不但比其他人高很多，还将收纳动作做得像弹钢琴一样，有节奏且优雅。这样的人，往往更受上级的喜欢，也能拥有更多升职的机会。

知名教育家库伯推崇的一种思维模式叫作"经验学习圈"。这个模式的内容就是：人要主动积累经验，然后对经验进行积极思考，把碎片化的东西进行梳理整合，再从思考中找到规律，最后把规律主动运用于实践，在实践中又可以得到更多经验。通过这个循环模式，人就能不断成长和完善，让自己变得更有价值。

一个能给公司创造巨大价值和效益的员工，他所具备的个人价值往往不会差。如果想要成为有价值的员工，就要学会让自己具备某些独特的品质，在不断地学习和拓展中提升自我。

敢于走别人没走过的路

很多职场人都很重视人际关系问题,尤其是新入职的员工,为了和同事搞好关系,不愿成为别人眼中的另类,就随大溜,处处向同事靠拢,希望能快速融入团队中。

在工作中,他们即便发现老同事的工作方式、方法有些老套,效率不高,也不敢指出来。即便他们对此找到了一些好的方法和技巧,也不敢大胆提出来。觉得跟着老员工走,即便没有大功,也不会有大过,这样是最好的。

这样的员工,一味地跟着别人走,一味地走别人走过的路,是不可能为公司开创新的事业的,又如何能体现出自己的价值?活在别人的影子后面,亦步亦趋,难以活出趣味,活出自我。

法国著名科学家法伯做过一个非常著名的"毛毛虫实验":

毛毛虫总是有一种盲目跟随的习惯。法伯把几只毛毛虫放在一个花盆边缘，这些毛毛虫便开始首尾相连，围绕花盆边圈成一个圈。后来，法伯在花盆周围撒了一些毛毛虫喜欢吃的松针。毛毛虫还是一只跟着一只绕着花盆边缘一圈一圈地走。一天后，毛毛虫居然还是不停地围着转圈圈。一连七天过去了，它们最后因为饥饿和精疲力竭而死亡。

实验结束后，法伯写下了这样一句耐人寻味的话：在这么多毛毛虫当中，如果有一只稍微与众不同，便会避免全体死亡的命运。

同别人干一样的事，很难获得出色的成果。那些没人敢走的泥泞之路，虽然可能会走得很艰辛，但却可以让你收获别样的风景，让你体现出与众不同的价值。

作为一个员工，如何在职场中做到敢于创新呢？

1. 好奇

黑格尔说过："要是没有热情，世界上任何伟大事业都不会成功。"很多创新源自一个简单的好奇心，好奇是创新意识的萌芽。好奇心是我们内在生命热情的表现。在好奇心的驱使下，各种创新才有出现的可能。

如果没有爱迪生的热情和好奇心，也就不会有后来的电报机、电灯泡，以及电话器等的诞生。好奇心并不是科学家的专利，我们每一个普通人都需要好奇心。没有好奇心的人，就不会有所创造和创新。

对待工作，我们需要有好奇心。好奇心可以使我们打破现有的思维局限，从而不断突破自己，并给公司带来更多新的机会。

2. 兴趣

兴趣是最好的老师，同时兴趣也是引发一个人对自己的工作全力观察、思考和探索的重要因素。在兴趣的推动下，员工才能发挥主观能动性，在工作中产生新的联想，或进行知识、技能的移植，做出新的比较，总结和创造出新的成果。兴趣才能引导一个人敢于冒险，敢于走别人没走过的路，为创新思维注入营养。

3. 质疑

虽然公司历经风雨，一路走来从历届老员工那里已经积累了不少经验和方法，但即便如此，我们也要有质疑精神。因为时代在变，市场发展在变，科学技术在变，可能很多旧有的工作方式和方法已经不再适应当前企业的生存和发展环境。或许换一种新的思维方式、工作方式，能为企业带来更多价值，赢得更多效益。

4. 推陈出新

很多员工都存在一个缺点，那就是上级要求怎么做，就按要求怎么做。他们很少去思考是否还有其他捷径，能把工作做得更完美些。但有的员工却敢于推陈出新，他们觉得上级给的"工具不称手"，就把手里的工具扔在一边，琢磨更适合自己的"兵器"。结果，对比前后的工作速度和工作效率、工作成果，在短时间内就将工作做得又快又好，深受上级的青睐。

20世纪中期,日本东芝电器公司积压了一大批电风扇卖不出去。公司全员包括老板和7万名员工都想方设法找销路,结果却不尽如人意。

有一天,一位员工走进了董事长办公室,说出了自己的想法:我们是不是可以换个思路,从电扇出发,做一些改变呢?尝试改变下电风扇的颜色。董事长听后,眼前一亮,仿佛已经看到了一丝希望。由于当时电风扇还没有普及,全世界的电风扇只有一种颜色——黑色。这种颜色本身给人一种沉闷感,如果将其改为浅色,或许会改善现有的销量。

当这位员工的建议被采纳,并将全新的浅蓝色电风扇投入市场后,没想到,电风扇很受欢迎,还在市场上掀起一场抢购热潮。很快,原本那些让人发愁的积压产品也销售一空。东芝公司还趁热打铁又快速生产了一批电风扇,几个月内就卖出了几十万台。

此后,东芝公司的电风扇一路畅销,从日本市场走向了全世界。而那名敢于在产品上推陈出新的员工,也因此受到了公司的青睐。

在现代企业中,员工的技能和创新力占据着重要的地位,在技能娴熟程度相同或相近的情况下,真正让员工有价值、让员工决胜职场的关键因素,还是创新精神和创新能力。

1万小时定律：成为某个领域的专家

在职场，很多人都希望自己是最强大的那个人，在公司看来是最具价值的人。因为这样会得到更多加薪和升职的机会。

工作中，一个人的经历和才智是极其有限的，那些工作不专心，总爱找托词、消极怠工的人，注定会在职场竞争中被淘汰。我们唯有脚踏实地，把自己练就成职场专家，把工作做得精益求精，才能取得惊人的成绩。

被誉为20世纪科学界通才的赫伯特·亚历山大·西蒙和他的同事威廉·蔡斯在一本科学杂志上刊登了一篇论文，其内容是："国际象棋是没有速成家的，也当然没有速成的高手或者大师。目前，所有大师级别的旗手，都花了至少10年的时间在国际象棋上投入了大量精力，无一例外。我们可以非常粗略地估计，一个国际象棋大师可能花了1万至5万个小时盯着棋盘……"

该论文发表之后，心理学家约翰·海斯对76位著名的古典乐作曲家进行了研究，结果发现，绝大部分人在写出自己最优秀的作品之前，都花了至少10年时间在谱曲。因此，约翰·海斯得出一个成功定律——10 000小时定律。即要成为某个领域的专家，普通人至少需要10 000个小时的积累。

对于普通的职员来讲，我们绝大多数人每天工作八小时，一周工作五天，那么要成为一个领域的专家，同样至少需要五年时间。这也就意味着要在职场中成为某个领域的专家，我们至少需要累积5年的时间去工作和学习。

要想在10 000个小时内将自己练就成职场专家，首先要保证以下几点。

1. 你能够自始至终地坚持

所谓的职场高手、职场专家，并非他们天生的能力和才学超人一等，而是付出了不断的努力。他们能够在明确自己的目标之后，为了实现这个目标而不断练习、练习、再练习。

当你在经历无数次练习之后，你就能从量达到质的飞跃，并能够发现和找到快速完成的方法，找到快速实现目标的技巧。这就是我们常说的"熟能生巧"。

2. 保证时间的有效性

再完美的理论和定律，都可能会输给那些"磨洋工"的人。他们看起来很努力，但并没有将所有的学习和工作时间都充分利用起来。因此，他们收效甚微。

时间总是在不经意间流失。一天24小时，八小时工作和学习，八小时吃饭睡觉，剩余的八小时时间在于你自由合理的安排和利用。如果你在前八小时工作和学习中都是三天打鱼两天晒网的状态，那么你在后八小时中又能得到多少收获呢？

一定要保证时间的有效性，工作时间就专心工作，学习时间就专心学习。完全无效率的努力是很难达到你想要的成果的。

3. 专注于一个系统的领域

很多人嘴上说着要成为某个领域的专家，却从来无法静下心来专注于这个行业的系统性学习，而是想着向全方位努力，这个月学这个学科，下个月又学另一个学科，这样总是更换，最终学到的也只能是皮毛。那么，即便你努力了10 000个小时，但你并没有专注于同一个领域，因此很难见成效，距离成为某个行业的专家还有很长的路。

时间用在哪里，收获就在哪里。坚持专注做一件事情，在一段时间之后，你就会惊喜地发现，你已经靠这件事情把自己打造成了行业的专家。

一个人能够真正在职场中有所成就，成为职场中某个领域的专家，靠的不是天分和运气，而是严格的自律和高强度的努力与付出。

PART 2
价 值 法 则

第二部分

企业篇

CHAPTER 5 第五章

价值哲学：
揭开企业基业长青之谜

人们都羡慕那些历经百年都能蓬勃发展的长青企业，更加好奇它们能够制胜的秘诀。其实，除了能够与时俱进之外，更重要的就是在发展的过程中，它们更加懂得价值哲学的重要性，会更加注重自身价值的不断提升和外在呈现。

价值法则决定企业未来

当很多企业在谈未来发展该如何扩张市场、让自己长盛不衰的时候，有的企业正在为如何能够活在当下而忧心忡忡。一直以来，"如何才能不死""如何更好地活着"通俗地诠释了企业生存和发展的核心命题。

这两个问题，无论哪一个的答案，其实都是围绕一点展开的，那就是：生存和发展不是靠运气，而是凭借自己的核心能力能够创造出什么样的价值。

市场瞬息万变。生存在这个时代的企业，更想知道的是未来的变化在什么地方，我们该如何面向未来。其实，任凭经济发展如何变化，掌握一条生存之道：价值法则决定企业未来，这足以让你的企业在激烈的市场竞争中，不但能存活下来，还能活得更好。

通用电气前CEO杰克·韦尔奇，被誉为"全球第一CEO""二十世纪最佳经纪人""当代最成功、最伟大的企业家"。他在通用电气任职期间，做过一些大刀阔斧的改革，自此通用电气的年营业额从250亿美元涨到了1 400亿美元。

在杰克·韦尔奇的卸任演讲中，他分享了企业经营的10个重要原则，其中包括价值法则、变革、领导力、人才培养和组织结构等。在这十个原则中，最重要的其实还是价值法则。因为无论是变革还是领导力的提升，无论是人才培养还是组织结构的构建等，一切企业经营活动都是围绕企业如何更好地创造价值、如何更好地发挥自身价值来进行的。

一个企业，只有满足社会和用户的正向需求，能够为社会和用户持续创造价值，才能在市场竞争中安身立命、走向繁荣，否则只能走向衰亡。

如果把企业比作一棵树，把价值法则比作树根，根决定了树的生命力强弱，价值法则决定着企业当前的生存，更决定着企业未来的发展。

做企业，就要将眼光放得长远一些，将格局放得大一些。一切生产活动、经营管理等都遵循价值法则来进行，而不是一头钻进最大限度赚取利润的狭隘思想中，那么你的企业也便因此实现价值倍增，也便有了获取利润的资本，在未来的发展道路上也会走得越来越远，越来越好。

支付宝作为一家全球领先的独立第三方支付平台，在创建初期也存在一定的隐私保护问题。在发现这一问题后，支付宝重塑数据及隐私保护理念，建立了一整套完整的工作机制，成立了数据决策小组，专门为数据安全保驾护航。

在保护用户数据的基础上，支付宝还专门设置了隐私保护系统，涉及用户个人信息及数据业务、产品上线审查等业务。

除此之外，支付宝还借助人工智能技术，使得每一项数据都被仔细监测和分析，及时发现错误或漏洞。此外，还借助更新数据和计算平台实现内置安全和隐私状况的加强，使得用户的隐私得到了很好的保护。

一直以来，支付宝作为支付领域的领导者，似乎"一直被模仿，从未被超越"。支付宝之所以强大且领先，就在于其在发展的过程中，能够明确价值法则的重要性，并且一路走来，以"让自己变得更有价值，能够为用户创造价值"为己任，将自身价值发挥到了极致。

任何一个企业，只分规模大小，不分价值贵贱。只要能不断创造价值，在无常的变化中寻找有常规律，用有常规律迎接和应对无常变化，企业的发展才能经久不衰。

企业价值的核心就是不断创造价值

一个清醒的企业家应当能够更好地明白企业生存和发展的意义，更应当懂得如何快速获取丰富的资源和信息。否则，一个企业获得的成功都是暂时的。

企业长久的生存和成长的土壤，一定是企业所具备的价值，即为用户创造的价值、为社会创造的价值等。企业必须根植于用户价值、社会价值等，才能获得成长的养分。任何企业如果偏离了这个"赛道"，在发展过程中都会差强人意。

每一家企业都应该认识到：企业创造价值的核心就是不断创造价值。一些企业在发展过程中停滞不前，组织活力不足，其实就是它的认知水平有限。它们对于企业价值的重要性，以及如何创造企业价值、不同价值创造要素在不同价值创造过程中的差异化表现，没有清晰地认识和判断，甚至找不到价值创造的着力点，更不用说用创造的价值带动企业腾飞。

在这一认知上，华为看得透彻，做得也很好。并且华为还将这一点写入了《华为基本法》，其中有一句非常精辟的话：劳动、知识、企业家和资本创造了公司的全部价值。之所以说其精辟，是因为它厘清了企业价值创造所需的必备要素。

1. 劳动创造价值

根据劳动价值理论所描述：价值的产出归结于劳动。比如一件商品的价值决定于社会必要的劳动创造。劳动是价值创造的源泉，同时也是获取财富的源泉。

2. 知识创造价值

知识对于企业来讲，是一个非常有意义的资源。劳动并不是唯一的价值创造要素。知识本身并不是价值，只有将知识成功付诸实践，才能体现出其价值。当企业面对未来的不确定时，往往需要借助更加前沿的、专业性更强的知识与实践相结合，进而创造出更多、更大的价值。

例如，一位设计师为了更好地迎合市场需求，需要在产品上进行创新。设计师通过对产品进行小小的改进，其劳动创造的价值其实并不是很大。但当他在通过劳动创造价值的过程中，融入知识后，就会将企业的业务流程放大。他所创造出来的价值，也随之被无限放大。

3. 企业家创造价值

相信有不少企业家在创业之初是因为对自己生活环境的不满，为了改变生活现状才进行创业的。这类人更多的是因为想要创造财富而成为企业家的，但未必是为了创造价值。

一个成功的企业家一定不仅仅是财富的创造者，更要是价值的创造者，而且还要把这个价值以一种制度化的形式传承下去，这样，创业者才能成为一个真正的企业家，企业也才能成为一个长存的、成功的企业。

4. 资本创造价值

资本也是价值创造的一个必备要素。因为在价值创造的过程中，产品研发需要投入、员工激励需要投入、市场拓展需要投入……而这些投入都需要资本做后盾。没有资本的投入，企业创造价值很难实现。

例如，华为在早期发展的过程中，因为各方面资金投入实在太大，再加上客户不能及时回款，偶尔也会遇到现金流困难的情况。为了保证企业的发展，为了保证华为能够持续不断地创造价值，华为便实施了股权激励政策。

在这种方式下，华为的员工成了公司的合伙人。员工可以持有公司的虚拟受限股。所谓虚拟受限股，就是员工可以享受非公司章程意义上的股票，但在公司日常事务上不具有表决权，只有分配权，还需要根据持股比例，相应地承担公司的经营风险。

所以，在政策出台之后，很多员工把自己年收入的一大部分拿出来购买公司的股票。这种购股行为，完全按照员工的个人意愿来决定。但凡是购买股票的员工，在分红的时候，就会获得颇丰的收益。

华为的这种股权激励政策，产生的积极效应是多方面的：

首先，在很大程度上缓解了公司的现金流问题，有更多的资金用于价值创造；

其次，给员工，尤其是骨干员工戴上了"金手铐"，套牢员工，为公司创造更多的价值；

最后，将员工手中的现金流充分利用起来，为公司创造更大的价值。

只有将劳动、知识、企业家、资本这四个要素充分调动和利用起来，才能使得企业所创造的价值，像滚雪球一样，越做越大。

追求企业长期有效增长

前几年，共享单车发展得如火如荼，成为人们出行方式的一个重要组成部分。共享单车深受资本青睐，原因有三：第一，共享单车与打车出行相比，节能减排，完全符合国家政策和号召；第二，共享单车覆盖人群较广，省去了堵车的烦恼，是最理想的出行方式；第三，共享单车还很好地拉动了就业，解决了社会就业问题。

绿色环保、缓解交通压力、解决用户出行难的问题、拉动就业，这些都是共享单车受用户青睐、获得政府支持的原因。正是这些，能让人们更清楚地感知到共享单车存在的价值。

于是，共享单车领域吸引了众多资本纷纷投注，阿里巴巴、腾讯、滴滴、美团等争前恐后入局，街头巷尾出现了各种颜色的共享单车。但让人遗憾的是，在各大资本加入共享单车领域后，便有很多共享单车很难实现长期有效盈利，最终从一个耀眼的明星项目走向"陨落"。

对于这样的现状，我们不禁要思考：企业如何才能实现长期有效增长，保证企业在市场中屹立不倒？

实现长期有效增长是企业在经济活动中一个永恒的主题。价值法则是保证企业长期有效增长的根本，可以为企业赢得两个方面的优势：一方面，可以帮助企业在挤满既有竞争者的荆棘丛中找到一条通往成功的捷径；另一方面，可以帮助企业在商业环境变化中避免消亡。

企业在运营过程中要想实现长期有效的增长，其价值构建的着力点应当放在以下两个方面。

1. 打造企业价值标准

企业在经营过程中会遇到各种问题，在处理这些问题时，如何做才是最优方案，这完全是按照最基本的价值判断标准来选择的。

对于不同的企业，价值的概念没有统一的标准。有人认为，企业是否有成长性、有可持续发展动力，可以作为企业价值的标准；也有人认为，看企业是否有足够的资产和强劲的实力；甚至有人认为，应该从企业是否具有持续经营能力进行判断……

这些都没错，但能否为用户、为社会创造价值，才是企业应该有的核心价值标准。一个企业，从创立之初，就应当为自己树立明确的价值标准，并在一切生产研发、运营营销过程中，都围绕这个价值标准向用户和社会不断创造并传递价值。

2. 构建企业价值体系

企业要实现价值长期有效增长，还需要构建企业价值体系。最主要的就是要从以下三大模块来构建价值体系。

（1）价值创造

沧海桑田巨变，唯价值创造者恒强。对于一家企业来讲，活下去才是硬道理，也是未来谋求进一步发展的基础。而企业能够活下去的根本在于价值创造，尽最大的努力让用户满意，这是企业生存的基础。

在营销活动中，要解决价值创造的问题，就应当向外部看的同时，需要向内部多看看。换句话说，就是向外部看的时候，要看市场上有多少消费者，消费者有哪些需求；看看竞争对手的产品布局，有什么信息和知识是值得自己收集的。向内部看方面，通常可以将企业对外的行为分成"产品"和"营销"，产品负责为用户创造价值，而营销则负责传递价值。

（2）价值评价

在完成价值创造之后，还需要有良好的价值评价环节。价值评价，顾名思义，就是对创造的价值进行评价，如创造的价值对实践有什么意义，是否能满足用户需求，是否能给社会带来正向的影响等。

这一点其实很好理解。随着现代工业和科技的飞速发展，很多高科技产品被载入史册。但有些高科技化工产品在为人类生活带来方便的同时，也导致了环境污染、白色垃圾和温室效应；有的产品为人类创造了巨大的财富，却也造成了许多资源的衰竭。所以，一定要以更好地提高用户满意度为目标，对创造的价值作出有效评价。在作价值评价的时候，应当以以下几个方面为导向。

①以结果为导向。做价值评价，结果是首要的。企业必须拿出让用户满意的产品和服务。用户满意的结果才是企业真正要的结果。

②以负责任为导向。基于用户的现实需求和长远利益着想,站在用户的角度思考问题,而不是局限于自己。在提供产品和服务时,既考虑了当下,又着眼于未来,是为用户负责任的思维方式和行为表现。

③以贡献为导向。做价值评价,企业还需要以为用户贡献多少为导向。如果产品和服务所带来的负向影响远大于正向价值,那么你的产品和服务对用户的贡献力较小,甚至说不产生任何贡献价值。这样,企业所谓的创造的价值也就毫无意义。

④以商业价值为导向。企业创造的任何价值,其最终目的是换取商业利益。无法获取商业利益的企业,就像巧妇难为无米之炊一样,心有余而力不足,最终会导致企业的发展难以为继。因此,企业创造价值还应当以商业价值为导向。

(3)价值分配

一家企业,每位员工对企业的贡献价值都不容忽视。在企业中,每增加一个人,就必须要增加一部分增值价值。企业应当为每一位价值创造者构建价值分配的基本原则,让能者多劳,劳者多得。在这个原则下,才能更好地调动员工的积极性,持久地为企业创造出更多、更大的价值。

一切为了追求价值而努力

企业的发展，往小了说，需要其自身产出的价值来推动；往大了说，只有与社会价值同步，才能创造出更多满足社会需求的价值。可以说，企业发展的过程是一个一切为了追求自身价值而不断努力的过程。

在追求价值的过程中，企业应当在哪些方面做出努力呢？

1. 好产品是创造价值的根本

产品力，是企业发展的本质，也是衡量一个企业是否能称得上优秀企业的"试金石"，更是企业是否能以产品占领市场的"命门"。

从产品维度来看，创造和实现的价值，其实是用户在使用产品的过程中，产品所体现出来的价值，即使用价值。有使用价值的产品，才能真正被用户在使用过程中所感知。使用价值可以被定义为"物质价值"。

每一件产品都有其使用价值，这一点是用户对品牌评估和认同的重要标准。产品价值，关键在于"价值"。当你的产品价值被塑造、被感知后，企业的形象也就逐渐高大起来，产品价值也就开始不断增长。

当然，成功的产品价值塑造，不一定需要用户直接体验到产品价值，而是会让没有体验过产品的用户也能感觉到产品价值，并认同产品价值。

格力集团在大众心中享誉盛名，"好空调，格力造""让天空更蓝、大地更绿""科技改变生活""让世界爱上中国造"……这些在大众当中广为流传的经典广告词，早已深深地烙印在人们心中，并口口相传。这使得那些即便没有使用过格力空调的人，也能深深地感受到格力空调的好。格力集团也因此拥有了很高的品牌美誉度。再加上格力以"先进的技术、过硬的品质、足够优质的服务"作为自己的使命，使得格力的品牌价值不断攀升，也因此获得了消费者的认可。

产品价值，是一个企业最基础的价值。有价值的产品，才能真正满足用户的需求。但当前的现状是，产品价值在当前的市场中还远远不够，用户的诸多需求还尚未得到满足。

2. 好服务是企业价值的增值

当前，产品的同质化现象已经变得非常普遍。在这种情况下，企业需要另辟蹊径。服务是最好的突破口。如果你能为用户提供更专业、更具深度、更贴心的服务，消费者愿意为你的服务付费，说明你的服务对他们来说是有价值的、是值得的。可以说，好服务是企业价值的一种有效增值方式。

通常，人们认为牙医行业是通过技术来衡量价值的。但牙医除了为患者看牙之外，往往还需要与患者沟通，为患者做心理建设和心理抚慰。牙医如果与患者的沟通是有效的，患者才会更加信任牙医，并很好地予以配合。因此，牙医除了需要具备精湛的技术之外，还需要想方设法提供更多、更好的服务价值。

我因为有拔牙和牙保健的需求，接触了不同的牙医服务机构。我觉得它们之间最大的区别除了技术的差异外，与牙医的真诚沟通与否，以及牙医是否具备心理抚慰式交谈能力，是复购牙医服务和转介绍的内在评价标准。

3. 好模式是企业价值的加持

一个企业是否拥有好的营销模式，决定了企业是否能拉近与消费者、与社会的距离。借助好的营销模式，使得用户更好地认识产品、了解产品，明确产品所具备的价值，以及企业为社会带来的价值。

营销模式的创新，让营销变得更加简单，让产品更方便、快捷地卖出去，真正实现"天下没有难做的生意"的营销目的。

4. 回馈社会是企业价值的升华

一个好的企业要想长存，除了产品和模式之外，还有一个非常必要的环节，就是履行自己的社会责任，这样企业才更有价值。

众所周知，如今全球操作系统的市场几乎被美国公司垄断。谷歌的Android和微软的windows系统是我们所熟知的两大操作系统，一直在手机和电脑领域处于垄断地位。这使得我国的相关企业长期以来受制于人，形成了技术"卡脖子"的局面。

但华为挺身而出，对这种垄断格局进行了大反转。2021年，华为将自己研发的鸿蒙以及欧拉两个系统捐给了国家。

什么是"鸿蒙"？鸿蒙是华为自主研发的应用于智能手机终端、平板电脑、手表、智能屏幕等智能设备的操作系统，成功打破了不同设备和平台之间的壁垒。

什么是"欧拉"？欧拉并不直接服务于用户，它主要服务于企业群体、云服务商等。也就是说，在未来，欧拉对于服务器、云计算、云服务等相关数字基础设施领域，都可以实现全面覆盖。

华为能够将这两大操作系统捐给国家，充分体现了其爱国情操，也体现了其作为一个企业以国家利益为重、回馈社会的精神。有了这两大操作系统的支撑，包括外包服务商、软件模块供应商、硬件模块供应商、生态合作伙伴等都将从中受益，实现更好地发展。

华为的这一做法实在令人敬佩，也正是因为华为的这一举措，使得华为的价值得到了升华。

所以，任何时候都不要抱怨当前你所处的商业环境多么不尽人意或者多么恶劣。越是这个时候，越是对企业的一种考验，尤其是对中小微企业的考验。你越是遵循价值法则，越是将产品、服务、营销模式以及对社会的回馈做到极致，你对用户、对社会的价值就越大，也就越容易受到用户的认可并愿意为之埋单，你也就越能持续获利。这一系列的正向循环下，企业才能在市场中存活，并迎来更好的发展前景。

CHAPTER 6 第六章

价值战略：
围绕增强企业核心竞争力制定

企业的现状是由过去决定的，企业的未来是由现在决定的。无论过去、现在还是未来，真正关乎企业发展的，其实是企业制定的发展战略。同样，企业的价值有多大，取决于企业的价值战略。价值战略，意味着企业在一定时期内创造价值的内容和方向，决定着企业的未来。所以，价值战略的制定，至关重要。围绕增强企业核心竞争力而制定的价值战略，为企业未来的发展指明了方向。

创造价值要坚持长期主义

在商业发展的长河中,大众创业如潮涌一般。有的企业在诞生不久之后就"夭折"了;有的企业在发展多年后,却因为"后浪"的出现和赶超,而沦为"明日黄花";有的企业却能在外部环境十分恶劣的情况下,逆境生存……

到底这些逆境中还能活下来并实现增长的企业,做了什么?做对了什么呢?

要想回答这一问题,我们需要先从这类企业的发展历程说起。

海尔从一家资不抵债、濒临倒闭的集体小厂发展到如今成为全球家电行业中声名显赫的领军者。海尔发展至今,共经历了五个阶段。

第一阶段(1984~1991年):要么不干,要干就干第一在这个阶段，绝大多数企业只注重产量，忽视了质量的重要性。在这个阶段，海尔专心致志做冰箱。它则没有随大溜，而是将目光聚焦于严把质量关的问题上来，为此提出了"要么不干，要干就干第一"。

高品质是产品价值的最佳体现，对于绝大多数企业还停留在埋头增产的阶段，海尔已经开始坚守产品品质，此时的海尔已经通过高品质产品，走在了为自身创造价值、提升自我价值的路上。

这个阶段，海尔的核心竞争力是产品质量。

第二阶段（1991～1998年）：为用户提供差异化服务

在这个阶段，国家鼓励兼并与重组。很多企业陷入发展困境后，选择了兼并，但最终还是有很多企业逃不掉倒下的厄运。海尔在这个时期，也做了兼并工作。但海尔却在兼并了18家企业后，发展得如鱼得水。不同的是，海尔还在管理上做了创新，实施CEO管理模式，并在多元化经营模式下，获得了更加广阔的发展空间。当时，在家电市场开始注重满足用户质量需求的时候，海尔已经转战全新领域——率先推出星级服务体系，海尔凭借为用户提供的差异化服务，赢得了竞争优势。

这个阶段，海尔的核心竞争力是差异化服务即星级服务。

第三阶段（1998～2005年）：品牌进入海外市场

在这个阶段，中国加入了WTO（世界贸易组织），很多企业走出口创汇道路，但走得比较艰辛。海尔使用了一定的策略：先向发达国家市场投入产品，打出品牌，让品牌进入大众视野；然后再进入发展中国家，并在海外建立起设计、制造、营销一体化模式。

这个阶段，海尔的核心竞争力是打造海外市场品牌影响力。

第四阶段（2005~2012年）：用户、员工和企业价值共赢

在这个阶段，互联网在我国得到了全面普及，同时也带来了营销的碎片化。传统企业的"生产—库存—销售"模式已经难以为继，不能满足用户的个性化需求。此时绝大多数企业开始实现从"以产品为中心卖产品"到"以用户为中心卖服务"的转变。

这个阶段，全球化特点在我国越来越凸显。此时的海尔，已经开始用自己的资源去创造国际品牌，并将全球的资源为己所用，以达到适应我国全球化的发展特点。

除此之外，海尔还采取了"人单合一双赢"的自主经营模式。在"人单合一双赢"的商业模式中，"人"即员工；"单"不是指订单，而是指第一竞争力的市场目标；"合一"是每个人都有自己的市场目标；"双赢"是在为用户创造价值的前提下，员工和企业的价值得以实现。

这个阶段，海尔的核心竞争力是经营模式。

第五阶段（2012~2019年）：网络化、智能化为产品功能价值赋能

在这个阶段，传统经济在融入互联网之后，开始进入全面变革阶段。整个经济市场和企业都呈现出一种全新的网络化特点。海尔站在这个节点上，对运营模式进行了创新，即实现了大规模定制、按需设计、按需制造、按需配送的网络一体化、人工智能化。

到第五阶段，海尔已经发展成为与时俱进的市场"弄潮儿"，在瞬息万变的市场经济中立于不败之地。特别是"每天进步1%"等

企业文化的建立和完善，极大地增强了企业的软实力，成为企业持续、稳定发展的指南针、加油站和催化剂。

我们可以看到，在海尔的成长和壮大的过程中，海尔的价值战略一直都存在，并且随着时代的不断发展和推进，海尔的价值战略高度在不断攀升。其他企业还在追求产量的时候，海尔已经开始注重产品质量价值的提升；其他企业在关注产品质量的时候，海尔已经开始关注服务价值的提升；其他企业在重视服务价值的时候，海尔已经开始在海外塑造品牌价值，占领海外市场；其他企业在转型售卖服务价值时，海尔已经开始注重用户、员工和企业价值共赢。在其他企业追逐网络化的时候，海尔已经开始走上了网络化、智能化道路，为产品功能价值赋能。

现代管理学之父彼得·德鲁克很早就告诉大家：任何一个企业，如果想要做得好，就必须遵循一定的经营理论。的确，任何一个时代，企业的发展都充满了诸多不确定性。但要想把企业做得好，需要得益于以下两方面。

一方面，企业遭遇的挑战，不仅仅是将企业内部的事情做好，而且还要做好外部的事情，要能够用自己的力量惠及所有用户以及整个社会。

另一方面，还需要坚持价值创造的长期主义。一个企业想要成功地在市场中立于不败之地，不是一蹴而就的事情，而是需要长期地经营。只有坚持长期主义的价值输出，才能让企业在各种不确定性的市场环境中接得住、经得起考验。

以海尔为代表，能够走上中国领先地位、走出国门、走向世界的企业，它们的经营理念非常明确：长期坚持"内求定力，外求生长"。

正如亚马逊创始人杰夫说过的一句话："如果你做一件事，把眼光放到未来三年，和你同台竞技的人很多，但如果把眼光放到未来七年。那么能坚持的人就很少了，很少有公司做那么长远的打算。"企业构建价值战略，一定要做一个长期主义者，而不是机会主义者。

我们曾经在企业家研讨会上做过一个测试——

如果把企业的经营战略用"强、大、久"三个字来形容，你的企业经营战略是如何排列的？答案集中在两种排列方式上，即"大、强、久"和"强、大、久"。

把"做大"作为企业首要经营战略的，属于管理学上的"No.1"战略，做第一，做行业老大。

把"做强"作为企业首要经营战略的，属于管理学上的不做第一，只做唯一战略。

但对企业有远见卓识和强大生命力的经营战略是"久、强、大"。只有放眼未来，建立长久的经营战略，才能真正建立百年企业，基业长青。

以价值为原点，以核心能力为半径

我们在用圆规画一个圆的时候，会用圆规轴上的尖针先选取一个点作为中心点，然后在圆规另一脚可以够得着的范围做半径进行旋转，即可得出一个圆。

其实，对于一个企业来说，这个画圆的过程就好比是企业制定价值战略的过程。

企业以价值为中心点，就是你将立足于什么样的价值点，为市场或行业创造什么样的价值来参与竞争。

企业以核心能力为半径，就是在自己创造价值的能力范围内，打造出一个"价值圈"。

这个圈的面积，则代表了企业价值可以覆盖或者惠及大众的广度。企业核心能力有多大，其创造的价值覆盖的受众就会有多广。

随着时间的推移，企业各方面的能力可能会在不断变化中得到不断提升，也可能会跟不上时代的脚步。企业核心能力得以提升，能够画的圆的面积就可以不断向外延展。核心能力如果缩小，那么企业制定的价值战略也就需要相应地收缩。因此，企业在制定价值战略的过程中，要不断审视自己的核心能力，包括胆识、见识、技术能力、创新能力、资源整合能力等。

  当前，"文旅+特色产业"发展已经成为特色小镇发展的重要驱动力量。这种"文旅+特色产业"文化，由地域文化、传统文化、产业文化聚集而形成，主要是通过文化IP的包装、宣传、产品设计和体验，实现对文化价值的创新和转化。

  广东东莞市厚街镇家具制造产业小镇，就是典型的"文旅+特色产业"发展模式。在发展过程中，广东东莞市厚街镇家具制造产业小镇制定的价值战略就充分体现了"以价值为中心点，以核心能力为半径"的特点。

  经过不断地发展，广东东莞市厚街镇家具制造产业小镇已经形成了一定的产业规模，通过以核心产业文化为价值中心点，将文化价值贯穿于小镇规划、建设与发展过程中。此外，广东东莞市厚街镇家具制造产业小镇还充分发挥自己的资源整合能力，与工业旅游、商贸旅游相融合，打造出了由小镇产业特色文化赋予的品牌价值，延伸出了特色产业链条。这使得广东东莞市厚街镇家具制造产业小镇在向广大用户宣传产业文化的同时，也扩大了自身的影响力，吸引了众多对家具制造产业感兴趣的用户前来旅游，在感受和体验家具制造产业文化的同时，也通过消费拉动了当地经济的发展。

"以价值为中心点，以核心能力为半径"制定价值战略，对企业的发展有积极的指导作用。因此，在构建企业价值战略的过程中，应当一切以企业价值为核心，尽最大的努力实现价值辐射效应的最大化。

紧跟趋势，满足消费升级需求

随着科技进步，互联网和移动互联网的普及以及新兴消费群体规模的不断壮大，人们的消费水平和消费质量都在原有的基础上有了极大的提升，与此同时，也促进了消费升级需求的出现。

什么是"消费升级"？究竟哪些地方需要升级？这是很多企业在发展过程中所关注的问题。在说清楚这个概念之前，我们先来看一下下面这个例子。

过去，新华书店的功能就是卖书。顾客到店里，寻找自己想要的书籍，然后购买。如今，书店更像是一个社区，这里充满了浓郁的文化气息和氛围，卖书只是书店功能的一部分。更重要的是，这里还是一个休闲生活场所：为顾客提供咖啡、饮料，还有宽敞明亮的书桌，顾客可以一边在书海中遨游，一边享受休闲时光。显然，书店已经成为传统书店与咖啡馆的集合体。而且里面的图书也变得更加小众化，更加有格调。

传统书店发生的改变，就是消费升级需求下企业进行价值变革的结果。过去，影响人们产生消费行为的是产品的性价比，即这件产品是否对自己有用？这个产品的价格是不是物有所值？

以前，人们购买一瓶水，单纯就是为了解渴。如今，市面上的饮品五花八门，琳琅满目。有苏打水、富氧水、矿物质水等，现在又出现了含氢饮用水，价格不等，有低有高。但价格高的产品也有人购买，例如价格不菲的含氢饮用天然水，原因就在于高价格水具有高价值，人们购买不仅是为了解渴，还为了满足健康需求、享受高品质的生活体验。人们更加注重的是水质、水源地、品牌，甚至外包装的美观度等。

无论是书店的改变，还是人们对饮用水的全新追求，这些都是消费升级的最好体现。

在这个消费升级的时代下，企业该如何拿出更好的价值战略来应对，并把控好这个趋势呢？

1. 突出身份

随着"85后""90后"这一支全新一代消费主力军的出现，他们的消费观念和消费行为对整个消费市场具有很强的主导作用。对于他们而言，对传统品牌的热衷度逐渐消减，更加喜欢购买那些能彰显自我个性的小众产品。而且，越是独特，越是能充当社交货币，吸引他们忍不住"晒"朋友圈的产品，越受他们青睐。

所以，你的价值战略一定要围绕消费升级需求来制定，必须突出身份感，使一件产品在具备使用价值的同时，还应当具备社交价值。如果企业能很好地抓住社交价值，也就在市场中拥有了更大的发展机会和盈利机会。

2. 将"健康"和"幸福"作为关键点

当前，人们的工作和生活节奏越来越快，越来越多的人开始注重身体健康和幸福感的提升。在选购产品和服务的时候，也将"健康"和"幸福"作为两大价值衡量指标。为"健康"和"幸福"付费，他们乐得其所。在用户眼中，能让自己"健康"和"幸福"的东西，都是有价值的，是值得购买的。因此，"健康"和"幸福"可以作为价值策略制定的一个重要方向。

3. 提升自我存在感

随着市场经济的不断发展，人们更加注重自我价值的凸显，更加喜欢找到自我存在感。

这就好比在健身房健身一样，只有健身器材是不够的，还需要有一对一的健身教练。这样才能让用户感觉到自己的存在感。而这样对于健身馆来讲，可以根据每个消费者的实际情况给予他们更好的健身服务，通过创造的定制服务而不是量产思维去服务用户，这就是消费升级时代企业价值战略制定的一个重要内容。

4. 融入分享属性

如今，年轻的用户群体，更加喜欢借助社交媒体"晒"自己的生活，展现个性化的自我。所以，企业在产品、服务的价值战略制定之初，就应当将分享属性充分考虑进去。一个产品或服务，只有经过人们不断地分享，才能在大众中传播开来，让更多的人认识和了解，以获得更大的先发优势。

5. 考虑时间成本

每个人一天只有24小时可以支配，很多人面临时间碎片化的困扰。此时，你的产品是否可以帮助用户节省时间成本，则显得尤为重要。这就需要企业在制定价值战略的时候，以节省用户时间为核心，帮助用户从以往那种低效、琐碎的生活方式中走出来。

消费升级已经成为当下的一个重要趋势。企业要想更好的存活，就应当紧跟时代趋势，以"满足消费升级需求"作为价值战略制定要点。

用长远的眼光追求长远价值

在面对同一件事情时，不同的企业，由于领导者的眼光长远不同，做出的决策也不一样。这样导致的结果就是，企业最终实施的效果存在天壤之别。

领导者的眼光，决定了企业发展的速度与通过什么样的方式走向成功，走向更加美好的未来。企业的领导者是企业蓝图绘制的"总工程师"，凡是那些用长远眼光追求长远价值的企业领导者，总能够为企业开拓出广阔的发展空间；相反，那些眼光短浅，只追求眼前利益的领导者，只会将企业局限于一个狭小的区域内，让企业价值无从提升。

某管理学研究项目曾经用近10年的时间跟踪800余名企业家进行调查研究，发现在企业家的身上所彰显的、引领企业发展的企业家个人特质排在前五位的依次是：（1）远见卓识；（2）刚毅果断；（3）大度包容；（4）责任担当；（5）善于沟通。可见，眼光长远的企业领导者对企业的发展起到了至关重要的作用。

圣农集团创建于1983年,主要从事与鸡有关的养殖、育种、孵化、饲料加工、种肉鸡养殖、肉鸡加工、食品深加工、余料转化、产品销售等工作,是肯德基、麦当劳的长期合作伙伴,也是首届青运会、G20峰会、金砖国家峰会的鸡肉供应商。

能够取得如今的成功,除了机遇、坚持、团队合作努力之外,还有一个更为重要的因素,就是它的决策者傅光明,能够用长远的眼光去追寻长期价值。

傅光明当初创业,之所以选择养鸡,是因为家里兄弟姐妹很多,共十个。母亲总是自己舍不得吃,把鸡肉分给孩子们,自己只喝点鸡汤。于是,傅光明在很小的时候就萌生了一个念头,要养鸡,解决吃鸡肉的问题。

创业初期,傅光明没有什么规划,只是想着能赚到1万元,能够有饭吃,过上正常人的生活。但一段时间后,他的生意并没有太大的起色。经过反思后,他认为要有计划、有眼光,生意才能做好、做长久。

此后,在积攒了一些资金之后,傅光明认为,只养鸡、卖鸡,市场路子还不够宽。于是,1992年,他从荷兰引进了一台在当时十分先进的杀鸡设备,业务从卖活鸡延伸到了卖鸡肉。两年后,肯德基进入福建市场,得知傅光明有杀鸡设备,就专门派人来考察。之后,肯德基带着傅光明去国外实地考察和培训,学习先进技术。最重要的是,肯德基将订单交给了傅光明。后来,傅光明的生意越做越大，也成为麦当劳的食材供应商。

除此以外，傅光明还意识到，除了鸡肉以外，鸡身上其他部分也可以利用起来创造价值。比如，傅光明将鸡粪集中起来发电，并成为我国第一个用鸡粪发电的企业。

如今，圣农集团与肯德基、麦当劳一直保持着合作关系，每年的经济效益也是相当可观。

圣农集团的成功不是偶然的。圣农集团用长远的眼光为社会创造了价值，同时实现了财富梦想。

红顶商人胡雪岩说过这样一句话："如果你拥有一县的眼光，那你可以做一县的生意；如果你拥有一省的眼光，那你可以做一省的生意；如果你拥有天下的眼光，那么你可以做天下的生意。"在商业领域，有多深远的经营眼光，企业就会创造出多大的价值，事业就会有多大。住在井底的青蛙，只会得意于方寸之地，永远难有自我提升的机会。

同样的一片草原，有的马毛长体瘦，病病歪歪；有的马膘肥体壮，日行千里。同样的商机，有的企业命若悬丝，毫无生机；有的企业生机勃勃，活得滋润。两相对比，在天壤之别的背后，是价值眼光的长短与格局的差异。

那么，企业应当如何制定价值战略呢？关于这个问题，松下中国前总裁木元哲在以"2020价值回归"为主题的北京第28届中外管理官产学恳谈会中，分享了自己的独到见解。木元哲认为，应当遵循两条："不易""流行"。

"不易"，即不管时代如何变化，企业的经营理念与价值观不能改变。

"流行"，即市场环境、社会环境的变化，企业对待用户的产品、业务随着时代的变化，有些东西必须要改变，要与时俱进。

不能做到这两点，企业就难以更好地创造价值，难以持续下去。为了短期利润做决定，与为了长期发展，实现持续发展，这两者所产生的结果是完全不同的。

眼光是一个企业对整体价值规划的把控。在它的指导下，企业以价值创造为核心，有章可循、有序前行。眼光长远者，虽一时落后，但不会为了一时的得失而动摇了自己前进的动力，会一直朝着自己的价值目标坚守下去，慢慢变好。眼光短浅者，只会注重眼前得失，即便领跑当下，也终会落后于人。

用全局视角构建价值生态圈

近年来,在商界,"生态圈"被越来越多的大型企业提及。无论是传统行业大佬,还是互联网新贵,都不想成为经济发展过程中的那具恐龙化石,而是都想屹立于市场大潮潮头,在市场竞争中战无不胜攻无不克。因此,他们纷纷选择组建自己的价值生态圈,以求在商业领域中成功突围。

那么,什么是"生态圈"呢?我们将其定义为:利益相关者,共同建立的通过一组相互关联的产品和服务,给用户带来一体化体验,具备满足用户各种需求的价值平台。

小米科技从2013年开始组建小米生态链,并采取"投资+孵化"的模式,寻找和扶持生态链企业,组建相关价值生态圈。2019年,小米已经投资了超过280家公司。经过五年的时间,小米科技就立足全局，实现了自己组建价值生态圈的目标：

1. 小米从单一产品型公司转变为生态型公司，从手机到软件，到机顶盒、路由器，到家电，到汽车，小米服务用户的内容正逐渐扩散，以满足用户的个性化需求。

2. 在小米诞生之前，智能手机行业被分为两种类型：一种是高配置高价格的智能手机，如苹果、三星；另一种是低配置低价格，如酷派、中兴等国产手机。前者虽然配置很高，但是对于普通消费者来说，价格对于他们来说的确是一种挑战；后者虽然价格较低，但是不能满足消费者日益增长的对高配置产品的需求。

小米构建矩阵式全方位价值生态圈，并快速完成物联网的布局，在去掉中间渠道和门店成本的同时，为用户提供低价格、高品质、高服务产品，极大地满足了那些想要以低价格获得高配置产品的用户。

这些都是小米构建的生态圈所产生的价值，这也正是小米在激烈的市场竞争中，能够在短时间内成为世界500强企业的原因。正如小米科技的联合创始人刘德所言：小米的价值生态圈就好比是一片竹林，小米通过投资寻找竹笋，将整个生态链企业变成了一片竹林。这片竹林形成之后，因为根部相连，会迅速蔓延生长，整片竹林就会生生不息，也就不需要惧怕单棵竹子的死亡了。

那么，企业应该如何立足全局构建价值生态圈呢？

1. 清晰目标

企业在着手建立生态圈之前，必须先要清晰自身的目标。因为建立企业生态圈，可能会消耗掉企业大量的资源，包括人力、物力、财力、时间等。清晰明确的目标，可以避免不必要的资源浪费。

2. 合理架构

价值生态圈在构建的过程中，如果其中一个环节出现了问题，就会动摇企业根基。为了在必要的时候对企业价值生态圈内的某个环节进行调整或重新设定，打造合理的生态圈架构很有必要。

3. 有效管理

很多时候，价值生态圈中的众多环节是需要多个企业或者需要一个企业的多个部门共同构建的。做好有效的管理工作，必不可少。如果派遣专门的管理者或监事去管理，也会出现纰漏。最有效的管理方法，就是制定完善的管理机制，让各个环节的管理者在有限的权力下，执行整个价值生态圈的计划。

4. 升级或废弃

企业的价值生态圈并不是一成不变的。在企业发展的不同阶段，上一阶段的价值生态圈就会在下一阶段出现不适合的情况，此时就要酌情废弃那些不适合的部分；对那些有价值的部分，可以留下来，做合理的分析后，再酌情对其进行升级。

腾讯早期其主要是为了满足用户通信、社交的需求，在后来不断发展壮大之后，便在通信和社交的基础上为用户提供媒体娱乐、电商购物、交通出行等方方面面的便利，这便是腾讯的价值体现。

在当前的互联网时代，企业的价值源自以用户为核心构建生态圈。企业构建价值生态圈，可以形成多方共赢的局面，推动企业实现快速增长，使企业价值越来越凸显。

从竞争到竞合，价值共生才是发展的良策

詹姆斯·卡斯在《有限与无限的游戏》中说了这样一句话："世界上有两种游戏，一种是有限游戏，另一种是无限游戏。有限游戏以取胜为目的，而无限游戏以延续游戏为目的。"

这段话简短而有力，同时也非常值得我们反复咀嚼。它像极了数学公式定义。詹姆斯·卡斯用哲学的视角，将世界划分为两种情况。这两种情况相互对立，却又相互关联，彼此成就了对方。

其实，当前企业的生存和发展，同样适用于这一规律，同样遵循这个"游戏"规则：要么单枪匹马去争夺有限的流量，要么与其他企业抱团合作，实现价值共生，最终使得共生伙伴的价值变成不断持续、没有终点的"无限游戏"。

放眼世界，我们正处于一个百年未有的大变局之中。面对全球经济秩序加速重构，再加上全球公共卫生事件的出现，使得全球经济发展

受到了极大的冲击。再加上技术发展与用户需求的变化，使得企业所处的商业环境正在逐渐发生变化，企业面临的挑战越来越严峻。"价值共生"才是企业应对这些变化和在困境中实现突围的法宝，才能让企业成为价值创造的长期主义者。

今天，企业要想做得好，要想为广大用户和社会带来更多有用的价值，不仅要做好企业内部的价值共生，还要做好企业与企业之间的价值共生。

1. 企业内部价值共生

企业的成长，离不开员工的共同努力。这是一个个体崛起的时代，尤其是当下的年轻人，他们自我认知明确，对自己未来的发展有十分明确的目标，而且愿意为此付出更多的努力，所以，他们不愿意被长时间固化在一个角色上。他们更希望自己在企业中能够实现自我价值的提升，以及获得更多自我价值得以发挥的机会。

企业如果能充分认识到这一点，并能给员工更多地提升自我和展现自我的机会，不但能使得员工快速成长，还能很好地化解员工流失的问题。

这与传统的制度管理相比，少了制度的约束和限制，多了员工自有成长和价值发挥的机会，使得员工能够与企业共同成长，对于企业整体的发展来讲，是一个良性循环。

2. 企业与企业之间价值共生

在商界有一句经典的老话：商场如战场。在商业竞争中，竞争对手如同自己的敌人一样。千百年来，人们对付敌人的办法似乎只有一个，那就是倾尽全力把它打败。但面对当前世界经济的发展现状，孤军奋战只会让企业一步步把"体力"耗尽，更何谈在市场竞争中脱颖而出？

企业不仅要实现与员工的共同成长，实现价值共生，还需要向外与竞争对手寻求合作，实现价值共生，方能共赢。

乔布斯在发布第一代iPhone的时候，诺基亚前CEO康培凯对此认为：苹果不会对诺基亚造成任何影响。但时隔六年之后，诺基亚最终从手机制造行业中的大佬位置逐渐没落。后来，康培凯在采访中还说，他永远都不会购买苹果手机。

但同样是苹果的竞争对手，微软CEO萨提亚·纳德拉在苹果的年度销售会上，从自己的口袋中拿出一台苹果手机，让微软员工观摩学习，并明确了如何与苹果这样强大的对手展开合作。

同样是竞争关系，排挤、轻视竞争对手的企业，大多最终被淘汰出局；与竞争对手合作的企业，很多却赢得了全新的机会。海尔总裁周云杰说过："现在的企业，不可以是有围墙的花园，一定要变成一个开放的生态系统，才会有生命力。"

正是因为真正意识到了企业与企业之间价值共生的重要性，诺基亚在手机制造行业消失了一段时间后，与微软达成战略合作，放弃了原有的Symbian和MeeGo系统后，采用微软的Windows Phone系统。但由于搭载了微软的Windows Phone系统，诺基亚手机体验不尽人意，所以为了更好地在竞争中建立优势，诺基亚最终选择了与谷歌公司合作，采用安卓系统。此后，诺基亚本着"价值共生"的原则，以图在手机行业中东山再起。2019年，诺基亚凭借一款诺基亚220 4G手机，悄悄拿下了两大平台上某一价位手机销量的冠军。

价值共生，使得企业与企业之间形成了命运共同体，大家共同分享智慧，相互依赖，实现互惠互利。基于此，企业才能够快速跟上时代的步伐，适应新时代背景下的商业环境变化，变得更加强大。

由商业企业向社会企业的价值迭代

达尔文在其所著的《物种起源》一书中有这样一句话:"能够存活下来的物种,并不是那些最强壮的,也不是那些最聪明的,而是那些对变化作出快速反应的。"这就是我们常说的自然的选择。

达尔文的生物进化论,并不只适用于生物学,在商业中同样适用。在商业中,企业价值的"达尔文式进化"分为三个阶段。

第一阶段,生存型企业。这个阶段的企业主要指初创型企业,以生产经营的可持续性为价值导向。

第二阶段,商业型企业。这个阶段的企业主要是以纯粹的盈利为目的。

第三阶段,社会型企业。这个阶段的企业主要以社会价值目标为导向,在商业价值和社会价值的共同驱动下,实现企业的快速增长。

任何一个企业,在第一阶段和第二阶段,为了生存,追求盈利无可厚非。但在第三阶段，将自己的认知和追求上升到一个全新的高度，并不是所有的企业都能做到的。也只有经过一次次迭代和进化的企业，才能在市场中存活，并能活得更好。

企业在制定价值战略的过程中，实现企业价值的迭代不可忽视。具体该如何才能做到这一点呢？

1. 获取公信力

"公信力"，不难理解。

比如，腾讯的使命、愿景是"用户为本，科技向善"；谷歌的坚定信条是"不作恶"。无论是腾讯还是谷歌，其使命和信条的关键都是为企业积累公信力。公信力对于企业来讲，是一种资本积累的手段。在企业成长为参天大树后，公信力则成了企业非常重要的生命线。

判断一个人的为人品格，要听其言，观其行。同样，判断一个企业是否对社会真正有价值，要看其是否有公信力。换句话说，就是看这家企业的价值观是否能够付诸实践。而检验其言行是否一致的，往往是那些突如其来的大事件。2020年，一场新型冠状病毒肺炎疫情的出现，成为众多企业的试金石。而中国平安保险集团则成为这一次疫情中涌现出来的真勇士。

中国平安保险集团是我国第一家股份制保险企业，从成立至今已经开拓了诸多业务，涵盖了金融保险、银行、投资领域。作为一家中国500强企业，中国平安保险集团在一步步发展的过程中，逐渐从一个商业型企业转型为社会型企业，从传统业务上升到了金融扶持、科技助力、公益慈善的高度。

2020年，在金融方面，中国平安保险集团为受疫情影响的企业、客户以及一线医疗机构提供了超过180亿元的资金支持；在科技方面，中国平安保险集团派遣移动CT影像车驰援五环，通过远程线上阅片辅助诊断，成为第一批入选新冠病毒核酸检测的定点机构；在公益方面，中国平安保险集团为疫情防控累计捐赠物资超过1.8亿元。

中国平安保险集团从金融、科技、公益三个方面入手，在疫情防控、复工复产方面作出了积极的贡献，也因此积累了大量的公信力资本，在树立了企业高大形象的同时，更履行了社会责任，实现了企业价值的迭代。

2. 缓解就业压力

缓解就业压力也是企业的一份社会责任，是企业的一种价值体现。

阿里巴巴当下的发展阶段，就是典型的商业社会综合体模式，在积极创造社会价值的同时，满足自身的商业价值。

阿里巴巴打造的淘宝、天猫平台，除了商铺之外，还有直播带货的功能，这就为许多人带来了就业机会。除此之外，阿里巴巴还在全国范围内推广农村电商业务，为广大农村人口带来了就业机会。后来，阿里巴巴的农村淘宝正式升级为手机淘宝，与旗下的淘宝、天猫等电商平台实现系统通、商品通、服务通，全面为社会释放就业压力。与此同时，淘宝则通过收取相关的服务费作为回报。

3. 带动当地经济发展

既然要升级为社会型企业，就需要最大限度地为社会创造价值。带动当地经济的发展，提高当地群众的生活水平，也是一种为社会创造价值的形式。

世界上的企业千千万，能够从商业型企业升华为社会型企业，向社会传递自己的价值，为国家和社会的发展贡献自己的一份力量，是企业亘古不变的价值法则。在明确这一点之后，再付诸价值战略的制定和实践中，企业一定能有更好的正向发展。

CHAPTER 7 第七章

产品服务：
真正为客户创造价值

一个企业，无论是产品还是服务，最终的归宿和受益者都是客户。但真正能为客户喜欢和青睐的，往往是那些能够满足客户需求、能帮助客户解决痛点、能为客户真正创造价值的产品和服务。因此，不管什么行业、什么领域，能真正为客户创造价值的企业才更具价值。

以用户需求为结果导向

很多企业在做产品和服务的时候，忽视了一个最为严重的问题，那就是"用户需求"。我们在做产品和服务遇到瓶颈时，往往会认为是产品和服务本身出现了问题，而不会从自身去找原因。

产品和服务，只是一种用来满足用户需求的工具，没有人在花钱购买你的产品和服务时，会在意你的产品本身，而是关注自己的需求是否能够通过你的产品和服务得到满足。这也就意味着企业在打造产品和服务的时候，一定要以用户需求为结果导向。这样，你的产品和服务，在用户眼中才是有价值的，才是值得购买的。

那么，如何打造产品和服务，使其真正为用户创造价值呢？

1. 巧用同理心

要想让你的产品和服务，能真正为用户创造价值，就需要借助同理心来实现。巧借同理心，也就是你站在用户的角度，思考用户真正的需求，明确他们需要的是什么，市场需要的是什么，知道如何才能为用户解决需求问题，并以此打造你的核心产品和服务。由此打造的产品和服务，才能受到用户的认可。

众所周知，当前国内的汽车消费市场中，消费画风突变，从以往的卖什么就买什么，转变为"买一辆好车""买一辆自己喜欢的车"。为了更好地迎合市场需求，汽车领域从原来的卖方市场转变成了买方市场。

在这个大环境下，产品和服务正成为汽车品牌的核心竞争力。一汽大众奥迪为了能够与时俱进，站在用户的立场上，思考用户真正关心的是什么，实现了从预约制单、维修、质检到交车、结账、跟踪的全业务链数字化服务。这使得用户从爱车生产制造开始，就能实现跟踪，能够对自己爱车的情况一目了然，从而进一步提升用户满意度。

"以用户为中心"的经营理念，使得一汽大众奥迪在这个新消费时代获得了一种核心竞争力。

2. 保持敬畏之心

"顾客是上帝"，虽然这个说法已经十分老套，却在任何一个时代都适用。我们应当对用户和市场时刻保持敬畏之心，对用户的产品和服务需求时刻保持敬畏之心，认真对待产品和服务构建的每一个环节，严把产品和服务质量关，真正为用户服务。

3. 具有可行性

产品和服务是面向用户的，如果二者不能落地，就形同摆设，毫无意义和价值可言。所以，要从可行性出发，要深入到用户当中，真正从用户需求出发，研究符合用户需求的产品及服务。

近年来，木门行业的竞争日趋激烈，品类繁多的各式木门产品不断涌现。智能化家居深得消费者喜爱，成为家居领域的新宠。

欧派克作为行业中的"老牌军"，在制定产品方案的时候，总是以用户为导向开展工作。为了让产品智能化能够落地，欧派克采用标准化和数字化赋能所有用户，并让每个环节都经过市场验证，以确保能够满足用户需求的产品才能到达用户手中。试想，如果欧派克只是口头上以用户需求为导向，却难以保证产品实现智能化具有可行性，无法真正满足用户的智能化需求，那么欧派克是难以得到广大用户的认可的，更难以立足于市场。

4. 满足用户情感需求

除了满足用户的痛点需求，还需要满足用户的情感需求，包括愉悦感、幸福感、成就感等，这样用户的生活品质会得到提升，对于用户来讲，你的产品对于他们才是有价值的。

5. 做好数据收集和分析

真正为用户创造价值，还需要对用户数据进行收集和分析，并根据分析结果采取更好的方法和策略，打造出更加符合用户需求的产品和服务。

唯有先行于同行，才能成为同行中的先行者。在产品和服务的问题上，谁能够率先以用户为中心，真正做到为用户创造价值，谁才能成为行业中的佼佼者，占领巨大的市场份额，分得更多更大的"蛋糕"。

专业造就品质，提升品牌价值

近年来，随着人们可支配收入的增加，消费水平也得到了不断提升，消费观念变得更加理性。人们不再盲目追求产品数量，而是越来越注重产品品质。对于消费者来说，买一堆质量差的，不如买一件质量好的。精品化消费已经成为当下的一种消费趋势，体现在人们衣食住行的各个方面。

对于企业来讲，当务之急是要抓住新消费时代的新机遇，迎接新消费时代带来的新挑战。企业打造精品化产品和服务，则是对当下用户精品化需求的一种最有效的满足。精品源自专业，专业造就品质，品质提升品牌价值。

打造更具专业化的产品和服务，就是要专业的人做专业的事。具体来说，需要做好以下运营工作。

1. 分析产品和服务本身属性

产品和服务属性是指产品和服务所固有的属性。决定产品属性的因素有很多，不同的因素导致产品在运行过程中所起到的作用有所不同、权重有所不同，在消费者眼前所呈现的价值也会有所不同。

2. 市场分析

任何产品和服务在正式面向用户之前都要对市场进行深入考察和分析。

（1）对整个行业进行分析

①宏观环境分析

宏观环境分析包括自然环境、经济环境、人口环境、法律环境等。

②行业数据分析

行业数据分析包括市场规模、市场增长态势、市场占有率等。要明确行业领导者在做什么、用什么模式在做，发展动向如何、有哪些衍生产品等。

③行业产业链和价值链分析

行业产业链是一个行业中负责不同工作的企业聚集在一起。对行业产业链进行分析，主要是为了更好地了解各个环节中的不同参与者之间的联系和价值。

价值链就是找出链条中不同部分的价值体现。很多时候，价值链和产业链在结构上是重合的，这样在分析产业链的过程中，也会对价值链有一个基本的了解。

④产品和服务生命周期分析

产品和服务是有生命周期的，分为开发期、介绍期、成长期、成熟期、衰退期。要明确每个时期产品和服务的状况。

（2）分析产品和服务的SWOT

分析产品和服务的SWOT，即分析产品的优势（Strengths）、劣势（Weaknesses）、机会（Opportunities）、威胁（Threats）。这些既是对产品和服务本身的分析，也是对企业外部形势的分析。对产品和服务做全方位的分析，有助于后续制定和实施新的策略。

（3）竞争对手分析

常言道："知己知彼百战百胜。"对竞争对手也必须有一个全面的了解，通过挖掘竞争对手的产品和服务优劣势，做好产品和服务战略制定工作。对竞争对手的分析，主要包括以下几个方面：

第一，竞争对手在不同阶段的产品目标和战略；

第二，技术经济实力分析；

第三，经营状况分析。

（4）受众群体分析

受众群体分析是根据产品或服务的属性，对受众进行精准定位，并由此实现精准营销。

（5）建立完善的营销渠道

事实上，前面所有的工作都是为开展营销活动做准备的。开展营销活动，首先需要的是寻找适合的营销渠道。营销渠道通常分为两大部分，即线上和线下。

线上渠道有很多，如小程序、新媒体平台（如抖音、快手等）、博客、论坛（如新浪论坛、网易论坛）、社区（如天涯社区、搜狐社区）等。

线下渠道，如纸媒、电视、电台、公共交通等。

营销渠道的选择要保证与自己的产品和服务相契合，才能达到较好的营销效果。

（6）建立完善的数据支撑

要想更好地了解产品和服务在市场中的投放效果，就需要用数据说话。因此，要建立完善的数据支撑，通过有效的数据指标确定更加优质的产品或服务运营模式。

通过以上专业性的产品和服务属性分析以及市场分析，可以更好地明确市场需求、受众群体需求，打造出更加专业化、高品质的产品和服务。有效提升用户体验的同时，为产品和服务带来极佳的口碑，这样品牌价值自然会随之得到提升。

把产品和服务做到极致

很多企业老板不知道劲往哪里使，不知道如何才能为用户、为社会创造价值。正所谓："医病要找灶，栽树要育根。"经营企业也是这个道理，要先找到企业的"根"。毫无疑问，企业的"根"就是产品和服务。

在营销界有这样一句话非常流行："把产品做到极致，市场会青睐你；把服务做到极致，客户会记住你；把品牌和文化做到极致，世界属于你。"这句话一语道破了一个企业经营杠杆的秘密。在物理世界，阿基米德的"杠杆效应"是这样描述的："给我一个支点，就能撬动地球。"企业经营如果能够找到合适的支点、发力点，就能推动企业高质量发展。

产品和服务作为企业的"根"，其最好的支点和发力点就是"极致"二字。如果产品和服务无法做到极致，谈什么企业价值都是虚的。

1. 把产品做到极致，就是要秉持工匠精神

所谓"极致"，就是达到最高境界、达到极限。将产品做到极致，就是秉持工匠精神，尽自己最大的能力，将产品做到顶级程度。

工匠精神首先需要企业为了实现自己的价值目标而狠逼自己，要有"铁人"的意志和"偏执狂"的热情，在资源、目标、时间等多个维度达到积极的平衡，最终不断地创造出极致产品。

工匠精神的核心是保持专注和追求极致。时代在快速变化中前进，但工匠精神无论在何时都应当是企业所坚守的。因为在企业发展的过程中，工匠精神可以为其提供持久的动力，使得企业在竞争中通过自己的极致产品，获得核心竞争力。

很多人在了解"极致"的时候感觉很费劲，但在雷军看来，要想做到极致，就需要做到自己能力的极限。只有极致的产品，才能得到用户的口口相传。

拿早期的小米3来讲。很多用户在拆开小米手机的包装盒后，都会被惊艳到，简约而又不失品质，甚至有人会将手机盒拿来做收纳盒。小米3的包装背后，隐藏了千锤百炼的设计与改进。

在工艺上，为了保证纸盒边角的"绝对棱角"感，小米专门从国外定制了高档纯木浆牛皮纸。但这只是一个开始。包装工程师除了改进制造工艺之外，还对纸张进行了进一步加工。当你揭开包装盒表层就会发现，纸张背面的折角位置，事先用机器打磨出了12条细细的槽线，以确保每一个折角都是直角。要知道，一张牛皮纸

只有零点几毫米的厚度，要在上面打出槽线，是需要很精细的手艺的。小米做到了，算是用心到了极致。

除此之外，为了保证手机盒的耐用度和便利度，工程师们经过大量的试验，将手机盒壁设计成向内倾斜的梯形形式，以此避免手机晃动的同时，还能保证用户可以轻松取出手机。

在小米设计团队历经6个月、超过30次的结构修改，以及上百次的打样，最终才有了小米手机盒令人称道的工艺和品质。

小米为了追求将产品做到极致，背后投入了很多的时间、人力、资源、金钱。从推出到修改，再到推出再到再修改的循环过程，小米付出了很多努力，却不惜代价，只为打造出让用户尖叫的产品。

2. 把服务做到极致，就是要用服务感动客户

什么样的服务，才算是做到了极致？答案是"感动式服务"。所谓"感动式服务"，就是当你为客户提供服务时，能够通过你的每一个细节，包括动作、语言、眼神等，让客户感受到你像亲人一样关心和照顾着他们。一个素不相识、与自己毫不相干的人，能如此对待自己，自然会让客户内心感动不已。

将服务做到极致，海底捞可以说是这方面的典范。去过海底捞的人想必都会被海底捞的极致服务所感动。

每到饭点的时候，海底捞总会有很多顾客排队等候，为了解

决顾客等待时的无所事事，海底捞会为其提供扑克牌、象棋、围棋之类的休闲服务来打发等待的时间。海底捞还会为顾客免费提供美甲、擦鞋等服务。有些大规模的海底捞店面还会为顾客提供电脑免费上网。当顾客进餐的时候，海底捞还会提供更加贴心的服务，为戴眼镜的顾客提供擦镜布，为长发女士提供小发卡，以免影响顾客进餐。更贴心的是，海底捞还在卫生间提供开水龙头、挤洗手液、递擦手纸等专人服务。这样的极致服务是其他服务行业所无法比拟的。

这是一个产品过剩、服务丰富多彩的时代，也是一个消费者主权的时代。企业在获取流量越来越难、成本越来越高的情况下，只有好的产品和服务体验才能真正吸引用户、黏住用户。从这个意义上讲，企业在当前这个时代，只有第一，没有第二。将产品和服务做到极致，才能真正赢得消费者，企业才能凸显出其存在的价值和意义。

追求极致性价比

　　消费者购买产品或服务的时候，往往会货比三家。他们比的就是产品和服务的性价比。甚至还有人在追求极致性价比。

　　极致性价比并不是指价格低廉，而是指产品或服务成本价格、销售价格在体现产品或服务价值的时候，三者无限接近。

　　这里涉及三个概念："成本价格""销售价格""产品或服务价值"。

　　成本价格，即产品或服务生产过程中所耗费的硬件成本、研发成本、管理成本、财务成本、税收成本、损耗成本、经营成本等，多个成本的叠加。

　　销售成本，即成本价格+利润之和。

　　产品价值，即从产品或服务的品牌、营销、文化等心理学角度上，对产品销售价格的重新定义。我们通常所说的产品或服务值多少钱，就是产品或服务的价值。可以说，销售价格是产品或服务价值的物理体现。

产品和服务的极致性价比，其核心是价格，本质是产品或服务的价值。极致性价比，是一个企业成功占领市场的不二法则。试想，类似的产品或服务、同样的配置，价格却相差好几倍，任何消费者都会毫无悬念地选择性价比更高的那一个。显然，消费者判断你的产品是否有价值，是否值得他们掏腰包购买，取决于你的产品是否具有极致性价比。

在手机领域，谈及极致性价比，我们不得不说的是小米科技。小米一直以来实施的都是"低价高配"的产品策略。

小米当年研发出了一款note顶配版手机。这款手机最初的定价是3 299元，但其配置瞄准了市场中售价在5 000元左右的高端手机。雷军为了将手机的价格一降再降，跟所有的供货商进行了多次谈判。就在公布产品价格的前一晚，对于这款手机的价格是3 000元还是2 999元的问题，雷军为此想了整整一个小时，打了六个电话，与几个高层沟通之后，才最终确定了价格为2 999元。雷军说道："2 999元是一种高性价比的立场，3 000元则听上去更像是高端手机的价位"。虽然仅差一块钱，但就是因为这一块钱让小米坚持了极致性价比的产品差异化路线。

任何产品都是为了满足消费者需求而生产的，否则生产的产品没有任何存在的价值。极致性价比路线之所以能够取得成功，关键在于以下几点：

1. 抓住了广大消费者的心理

当前,"85后""90后"成为消费的主力军。他们本身就是一个喜欢追逐时尚、新潮的年轻群体,他们对于极具性价比的产品和服务表现出极大的兴趣。同时,他们绝大多数属于年轻的工薪阶层,对于产品的性价比比较在意。企业打造的极致性价比产品或服务,正好迎合了这些年轻消费群体的心理需求。

2. 有一套很好的经营模式

长期追求极致性价比的企业,在很多人眼中,其与同类市场中的高端品牌产品和服务是无法比拟的,而且是难以盈利的。其实,这是一个错觉。小米的极致性价比模式就很好地说明了这一点。

一方面,一直以来,小米由于坚持高性价比惠及民众的理念,使得很多人认为小米与同类市场中的高端品牌是无法比拟的错觉。小米要想进一步发展并在市场中占据大的市场份额,就必须为自己树立良好的品牌形象。为了避免让用户感觉自己的产品是低价劣质产品,小米借助小米之家给用户提供良好的亲身体验场所,以此让消费者通过体验来摆脱固有的"平价等于劣质"的印象,同时也很好地为小米树立了品牌形象。

另一方面,由于小米坚持销售高性价比手机的理念,所以基本上在前期销售的产品是无利润可图的,甚至是"赔本赚吆喝"。小米的期货模式基本遵循的是:前期亏损少卖赚人气,中期大卖挣利润、后期甩卖清库存。凭借这个基本原则，小米才能确保可观的盈利。

一个企业，尤其是初创型企业，要想快速闯入受众当中，要想快速在市场上站稳脚跟，就需要牢牢抓住用户心理，在用户心中营造一种价值感，并借助一套很好的经营模式，在产品和服务的极致性价比上下功夫。

以提升用户满意度为目标

有的企业认为，只要产品、服务质量过硬，就能吸引源源不断的新老用户为自己创利。但这样的理解只说对了一半。

事实上，除了产品、服务的品质之外，用户更加看重的是购买体验。在产品品质相同或相近的情况下，能够促使消费者做出购买决定的是其获得的产品或服务的体验满意度。

所谓"满意度"，就是一款产品或服务，对于用户而言，产生的可感知效果与其期望值相比较，感到开心和愉悦的程度。

企业在打造产品和服务的时候，要以提升用户满意度为目标。因为对产品或服务满意度一般的用户，往往会在发现一件更好的产品后，转而向其靠拢。高满意度为用户营造了一种情绪上的共鸣。在这种共鸣的作用下，实现了用户对产品、服务的高忠诚度。可见，以提升用户满意度为目标，可以有效建立稳定的客户关系，从而提升企业的长期盈利能力。因此，产品和服务使用户满意，企业才会在某种程度上因此而具备一定的价值，才会吸引用户为此埋单。

那么，如何提升用户满意度呢？

1. 打造差异化产品或服务

要以"人无我有，人有我优，人优我特，人特我转"为宗旨，做好差异化产品或服务，这是提升用户满意度的一条重要途径。通过为用户提供优于其他竞争者的产品和服务，可以帮助用户获得良好的感知，进而很好地提升用户满意度。

> 淘宝的定位是"多"和"省"，如果京东也将自身定位于这两点去发力的话，就没有什么特色和优势。所以，京东的定位是"多快好省"，但真正的发力点在于"快"和"好"。
>
> 很多人要想今天下单，今天就能拿到货，第一反应就是去京东购买。另外，京东的退换货流程都十分简单。如果你购买的是京东自营类产品，有退换货需求时，可在七天内申请退换货、退款服务。提交申请后，京东物流会主动和你联系，并在约定的时间上门帮你打包退货。
>
> 京东的"快"和"好"这两个差异化服务，是淘宝所不具备的。

2. 超预期用户体验

现代营销学之父菲利普·科特勒认为："客户满意是指一个人通过对一个产品的可感知效果与他的期望值相比较后，所形成的愉悦或失望的感觉状态，客户的满意水平是可感知效果和期望值之间的差异函数。"根据菲利普·科特勒对客户满意的定义,我们可以得出一个公式:用户满意度=用户体验感-用户期望值。

用户对一件产品或一种服务的期望值是一定的,而用户所获得的体验则是可以有所提升的。为用户提供超出其预期的产品或服务体验,才能让用户获得最大限度的满足。在这个基础上,用户才会认为你的产品或服务是十分有价值的。

那么,超预期用户体验可以从哪些方面发力呢?

可以从所有的客户触点入手,包括产品或服务本身、售前体验、使用体验、售后体验等,这些都是实现超预期用户体验、提升用户满意度的落脚点。

我们平时打车的时候,都是车来了,我们自己开门上车。但Uber却在这方面充分体现出了与众不同的一面。Uber增加了一个"由司机给乘客开门"的服务。这对于那些平时已经习惯了自己开门上车的用户而言,显然这一服务已经超出了他们的预期。虽然Uber增加了这一项超预期服务,但并没有因此而给他们带来任何成本,却赢得了用户的满意度,受到了用户的一致好评。这使得Uber在行业中树立了良好的服务形象,获得了极好的口碑。

在当前的市场环境下,用户是企业赖以生存的基础。用户满意度,是企业发展的基本动力。企业在为用户提供任何产品或服务的时候,都应当以用户满意、用户认可为价值目标。掌握了这个出发点,企业才能得到长足的发展。

CHAPTER 8 第八章

经营管理：
坚持"以用户为本"的价值原则

> 万丈高楼平地起。无论盖楼还是做企业，最重要的还是根基要牢要深厚。一切企业的盈利都来自用户的贡献。用户是企业一切工作的出发点，只有坚持"以用户为本"的价值原则，时刻为用户着想，听用户心声、解用户之需，企业才能赢得更多的用户，创造出更多的价值。

经营管理，一切"以用户为中心"

对于一个企业来讲，拥有足够多的用户就意味着拥有了在市场中继续生存和发展的机会。拥有客户，并能将其留住，是企业获得可持续发展的必备要素。这就要求企业在经营管理的过程中，一切"以用户为中心"。

一切"以用户为中心"，不应当只停留在口号上，而是应当落实在企业经营管理中，包括市场定位、品牌规划、产品研发、生产销售、售后服务、组织设计等各个环节中。

通俗地说，一切"以用户为中心"，就好比是企业与用户在谈恋爱，用户想要什么，就给他什么；用户什么时候要，就什么时候给；用户没想到的，你要替他想到。做到这些，这一场恋爱才能拥有更多成功的机会。

纵观那些成功的企业，它们都是"以用户为中心"，将用户价值放到经营管理首位的典范。

腾讯内部一直推崇的是"以用户为中心",无论产品研发,还是服务、传播等,都是为了满足用户而为之。腾讯的一名高管说过这样一句话:"以用户为中心,让腾讯的顾客始终在腾讯的重要商业决策中有一席之地。以用户为中心是腾讯的核心原则,是每位腾讯人的核心价值观。""减少骚扰并主动为用户创造价值,加深对用户需求的理解,并积极提供用户价值。"

"以用户为中心",实则在为用户创造价值的过程中,实现了企业和用户价值的双提升。在满足用户需求的基础上,也为企业收获了巨额盈利。

企业的"以用户为中心"理念在落地的时候,需要通过以下路径来实现。

1. 关注并洞察用户需求

在管理问题上,企业通常会拿出70%的时间用在消费者身上,剩余的30%则用于内部员工的管理。但管理者是否真正了解用户?是否真正了解用户的需求及痛点?我们为用户提供的产品和服务,是否是用户真正想要的?

提升用户洞察力,就是在产品或服务全生命周期的各项工作中,必须把用户考虑进来,包括用户使用体验、用户售后体验等,而且需要在各个阶段通过问卷调查、电话访谈、用户评价、客服咨询,也可以通过企业强大的数据采集、存储和分析能力等来挖掘用户的真实想法,倾听用户的心声。

2. 前后端联动，满足用户需求

传统企业是以自己的核心竞争力为出发点，而"以用户为中心"的企业，则是将用户的需求点作为出发点，从而据此建立快速用户需求响应机制和流程。比如，企业可以构建前后联动机制，前端为用户答疑解惑，后端为用户提供产品使用指导、价值信息分享等，从而保证用户需求在前端与后端的联合下，得到最大限度的满足。

3. 构建用户感知测评体系

落实"以用户为中心"，企业还需要构建用户感知测评体系，持续监测用户对产品或服务的评价。

具体来讲，建立感知测评体系，主要有两个方面的作用。

一方面，通过用户对产品或服务的评价，使企业的产品和服务有针对性地改进和优化，让产品和服务更好地满足用户需求。

另一方面，通过全面掌握用户的实际需求，并以此更好地拓展企业业务。

构建用户感知测评体系，需要从用户角度出发来构建。用户感知度的测量，应当采取场景化、问卷调研的方式来进行，应当涵盖用户对产品、服务（包括售前、售中、售后），以及有关用户与服务的全渠道全流程。这样全方位、立体化的测评，使得结果更加准确，更有价值，有效促进企业产品和服务的创新以及价值的提升。

在这个"得用户者得天下"的时代，谁能够掌握用户资产，谁能够以用户为中心，最大限度地为用户创造价值，谁就手握成功的王牌。

经营好"用户价值"

当前,很多企业在经营的过程中,关注的是自己有多少用户,却忽视了这些用户资产中,有多少真正属于自己,即忽略了用户资产的质量,也忽略了用户价值是什么。

什么是用户价值?用户价值,就是用户与企业在交互的过程中,用户需求被不断满足与购买产品或服务时所付出的总代价的比较。麦肯锡在第一销售定律中说过这样一句话:"人们不会购买他们觉得没有价值的东西。"这句话其实就是在强调用户价值的作用。

所以,企业在经营的过程中,一定要多问自己一个问题:"我究竟为用户提供了什么样的价值?"如果你能找到答案,就说明你的经营行为和商业活动才可能取得理想的成效。

在实际经营的过程中,对于"用户价值"这个问题,很多人存在误区,认为这与企业的商业价值之间是相互矛盾的。的确,在很多企业看来，企业的利益与用户利益之间是不可调和的矛盾体。用户享有的价值越多，企业获得的盈利就越少。其实，换个角度来思考，结果全然不同。企业如果无法满足用户价值，那么必将难以保证用户的存留率，失去用户的企业，也就失去了其存在的价值和意义。要明确一个规律：现有用户价值，才有商业价值。不为用户创造价值的企业，即便获得商业价值，也只能维持在短期内实现。企业的价值，一定要建立在用户价值之上。

在这个注重"以用户为本"的时代，判断一个企业是否有存在和发展的价值，除了看它能否为用户创造价值之外，就是看它是否能经营好"用户价值"？企业在经营的过程中，该如何经营好"用户价值"呢？

第一步，找种子：找到专属你的特定用户

经营好"用户价值"的第一步，就是要找到专属你的特定用户。除非你的产品和服务是大众消费品，否则都会有特定的客户人群。明确你的潜在目标用户是谁，找对的人推销对的产品，才能把钱赚回来。

通过该细分定位，找到最有购买能力和最有购买需求的目标人群，并将其作为种子用户，在后期帮助你撬开更大的市场。

> 比如，你销售的产品是家具，放眼望去，每家每户都可能会有购买需求，但并不一定每家每户都会购买。只有那些装修房子或者准备结婚的人，才有可能考虑添置。

第二步，圈地播种：曝光产品或服务吸引流量

在找到种子用户之后，接下来就要想方设法让这些用户认识和了解你的产品或服务。换句话说，就是增加你的产品或服务在目标用户面前的曝光率。这一步，我们可以看作是一个圈地播种的过程。

圈地播种的渠道有很多种，主要分为线上和线下两种。

（1）线上

线上投放广告引流渠道有很多种，我们主要介绍以下9种。

①搜索引擎引流

搜索引擎，如百度、搜狗、360等，就是我们常用的搜索引擎。借助搜索引擎投放广告引流，其实就是用钱换流量，是一种十分直接的网络推广方式。这种引流方式的显著特点就是见效快。

②分类信息平台引流

分类信息平台，是指有类目的生活类、商务化、大众化信息内容，可以在线注册并在线分享信息的平台，如58同城、赶集网、百信网等。这类平台的特点是信息力量大、权重高、引流效果较好。

③问答推广平台引流

问答推广平台，顾名思义就是在平台上通过问答的方式实现引流目的，如天涯问答、搜搜问问、爱问等。我们可以在这类平台注册多个账号，然后去提问题，所提的问题一定要与企业产品或服务相关。在过了一段时间之后，自己去回答，回答的内容也一定要以介绍和推广自己的产品或服务为目的。内容中最好能添加网站链接，这样可以起到很好地推广和宣传作用。

④招聘平台引流

在招聘平台上免费注册，然后发布企业相关的招聘信息。这种引流方式是典型的"醉翁之意不在酒"。

⑤官网引流

官网推广引流，是一种企业与用户直接面对面完成的推广，主要通过在官网上发布软文的方式来吸引流量。

⑥自媒体引流

借助自媒体平台引流，如头条号、百家号、网易、搜狐等，都是非常有效的途径。借助自媒体平台引流，其优势在于可以通过推广内容与用户高效互动，高互动才有高黏性。

⑦社交软件引流

我们常用的社交软件，如QQ、微信、微博等，其平台上聚集着规模庞大的用户，如果能将这些流量为己所用，将其引流到企业自己的官网、店铺等，那么企业所赢得的流量则会相当可观。在社交软件上推广引流，方法很简单，就是直接在社交平台上发广告。简单粗暴，却很有效。

⑧广告联盟引流

广告联盟，其实就是中小网络广告媒体资源之间组成联盟，将广告位整合起来，帮广告主实现广告投放，如腾讯广告联盟、京东联盟等。企业可以在广告联盟平台购买广告，为自己实现引流目标。

⑨互推引流

互推引流，其实就是我把我的流量分享给你，你把你的流量分享给我，彼此之间互利互惠，以达到低成本甚至零成本快速获得流量的目的。

互推方式与单枪匹马获取流量来比，效果十分显著。但需要注意的是：参与互推的双方，要保证流量相当，这样才不会吃亏；参与互推的双方，必然是产品和服务相同或相关联，这样互推的流量才会有价值，才会为企业带来利润。

（2）线下

线下广告引流渠道同样有很多种，我们主要介绍以下3种。

①门店活动引流

门店活动引流是常见的线下引流渠道，可以通过节日活动、促销活动、福利活动、买赠活动、抽奖活动、秒杀活动、折扣活动、拼团活动、游戏互动等多种方法和技巧，有效实现引流目标。

②海报引流

有人的地方，就有流量。通常，那些线下公共区域往往聚集着大规模流量，如地铁、公交、公交站、电影院等。这些地方是线下海报引流的绝佳渠道。

③地推引流

地推引流，即地面推广引流。通常，个体户或企业为了拓展新业务，会派出区域开发人员，在商超、学校、广场等人流量较大的地方进行"撒网捕鱼"，引导用户通过线下扫码的方式实现为企业引流的目的。

第三步，收获：让用户为价值付费

我们寻找种子、圈地播种的目的就是最终能够有所收获。所以，在引来足够多的流量之后要做的最重要的事情，就是让用户为你所提供的价值产品或服务付费。

在整个经营"用户价值"的过程中，都要围绕"让用户付出最小的代价，换取最大限度的需求满足"进行。想要让用户为你所创造的价值埋单，其核心就是要围绕用户价值采取有效策略。

（1）免费思维

做生意，首先就要学会贡献价值，满足用户需求，然后才能获得回报。免费思维，就是先不收费，通过免费帮助用户解决需求问题、提供价值服务，让用户先得到好处，感受到产品或服务带来的价值，然后让他们自己主动埋单就轻松多了。

玩法一：前端免费，后端收费。

"前端免费，后端收费"玩法其实操作起来很简单。拿知识付费来说，要在一开始的时候，免费分享大量有价值的干货。当受众发现你的免费干货十分有价值，正是他们需要的东西时，就可以在后期开发一些收费课程。那些想要继续获得更多价值的受众就会积极付费，而你也会因为后端的收费而获得不菲的价值回报。

例如：网易云音乐、QQ音乐的歌曲，用户听的时候基本是免费的。如果用户想要下载自己喜欢的音乐时，就需要付费购买了。

玩法二：部分免费，部分收费。

"部分免费，部分收费"，这种玩法，其实免费部分是铺垫，当用户感受到免费部分的价值时，就会因为免费部分获得的好处，从而勾起用户想要获得更多的产品或服务，而不得不为不免费部分埋单。

例如：爱奇艺、腾讯的VIP电视剧、电影，只可以观看短短的几分钟，当用户被勾起欲望想看完整版电视剧或电影时，他们就不得不为此掏腰包。

（2）价格锚点

如果你的产品或服务在遇到搞活动的时候，价格会有所降低。用户看到这个价格后，就会认为这个活动价很值，买到就是赚到。事实上，原价就是价格锚点。

价格锚点是一个叫托奥斯赛的人想出的。他认为用户在对产品或服务价格并不确定的时候，通常会采取以下两种手段。

①避免极端

避免极端，就是消费者在面临多个不同价格时，既不会选择最高价格的产品也不会选择最低价格的产品，而是会购买中间价位的商品。

比如，同一件产品，有的卖100元，有的卖10元，消费者往往会选择购买售价为五六十元的产品。

②权衡对比

消费者购买产品，从来都不会以真正的成本价购买。尤其是用户对一些无法真正估量产品或服务成本时，只会为产品或服务的价值付费。也就是说，只会以价值来衡量这件产品或服务是否值得购买。

（3）情感账户

情感账户是借助情感储蓄，增进人际关系的一种有效方式。换句话说，同样的产品或服务，能够满足用户情感需求的，在用户心中才觉得是最值得购买的。

假如你是做花店生意的，店铺规模较大，你卖的花卉种类很多，花的品质也很高，但你的生意却永远赶不上隔壁的花店红火。隔壁花店总是能在不同的节日，推出与节日调性相同的花卉作为重点销售对象。比如，情人节的时候，花店会重点推出店铺的玫瑰，告知消费者玫瑰象征爱情和真挚纯洁的爱；在母亲节的时候，会告知消费者康乃馨代表对母亲的爱和祝福……显然，隔壁花店做生意是在为自己建立的情感账户做增值。

第四步，辐射：以特定用户辐射更多用户

让用户为价值付费，获得高回报，就需要充分挖掘发挥用户价值，让特定用户辐射更多的用户，为你的盈利作出更多贡献。以特定用户辐射更多的用户，需要解决的核心问题就是信任问题。能够很好地解决信任难题的方法，就是"老带新"。

老带新，即通过一定的手段吸引老用户为你带来新用户，为你带来更多的价值变现。

但在实现这一点的时候，同样需要以经营好"用户价值"为原则。其方法主要有如下两种。

（1）分享享赠送

分享领红包，就是老用户按照你设置的分享规则和流程，将你的产品或服务分享给他的好友或分享到他的朋友圈，然后截图给你；或者集赞到一定数量时，赠送老用户相应的免费产品或服务。如果新用户也想获得免费的产品或服务，同样可以将产品或服务链接分享出去。这种操作方法可以为企业带来源源不断的流量和价值回报。

（2）拼团享优惠

拼团享优惠，就是让老用户开团，邀请新用户加入。当参与人数满足拼团人数要求时，则拼团成功，无论新用户还是老用户，都可以以较低的团购价买到产品或服务。

这种"老带新"的方法，最大的好处在于不但能为企业带来新用户，更重要的是能够当即实现价值付费转化。

基于新用户对老用户的信任背书，使得企业所辐射到的新用户更具精准性，更愿意为你的产品或服务价值埋单。企业要想自己的产品或服务获得更高利润，在经营的过程中，一定要以用户为本，经营好用户价值。

让用户感受价值最大化

在这个产品和服务同质化越来越严重的时代，用户购买产品和服务时，已经从对产品或服务品质的衡量，转化为对产品或服务价值的衡量。因此，企业不但要为用户创造价值，还应当让用户很好地感知到你的价值，甚至让用户最大限度地感知到你的价值。

那么，如何才能让用户感受到你的最大化价值呢？

1. 让用户体验产品或服务价值

用户在购买前，往往会因为各种担心而犹豫不决。如果能让你的潜在用户消除疑虑，你也就提升了价值变现的概率。

别人说得天花乱坠，都不如自己亲眼所见、亲身体会。消除用户疑虑的最好方法，就是让用户体验你的产品或服务。在体验的过程中，认识产品或服务，发现产品或服务的价值，并以此建立起信任感。

这就是为什么我们经常去逛大型商超的时候，会有某品牌饼干的工作人员端着盘子，上面摆放着各种口味的饼干，让人免费品尝的原因。

让用户感知产品或服务价值的方式有很多种，比如，可以通过回答用户的问题来实现，也可以通过提供赠品、免费体验等来实现。当你积极为用户提供价值，让用户尝到甜头时，用户就愿意把信任票投给你。勇敢地让用户体验你的产品或服务价值，你会获得一群忠实的用户。

2. 细化产品或服务价值

很多时候，用户看到你的产品或服务，却认为你的产品或服务价格与其价值不对等。所以，用户也不会购买你的产品或服务。你需要做的是让你的产品或服务价值变得更加细致化，从而让用户更好地感知其价值。

细化产品或服务价值，就是把你的产品或服务进行分解，让用户感知到你为他做了些什么，你的产品或服务有哪些内容组成。

如果你笼统地告知用户你的产品或服务价格是多少，用户只看到了价格，却并不知道这其中所蕴含的价值。

> 例如：乌江榨菜的广告词："三洗三晒三腌三榨，就是按老方法在日光下晒。"
>
> 这句广告词把乌江榨菜复杂的制作过程细致化地展示给了用户，让用户感受到乌江榨菜中所蕴含的价值。
>
> 再如："108道工序、30次熨烫、23 000针缝制、100%用心检

验,造就了1条九牧王男裤。"九牧王凭借这则广告语,让用户感觉到一条几百元的男裤,虽贵却很值。

3. 增值产品或服务价值

两个人手中拿着两件相同的产品,如何才能让用户选择购买你的产品?你要做的就是,让用户感知到,你们的产品虽然相同,但你的产品比别人的产品更具价值。这就要求你能够为你的产品或服务价值做加法,实现产品或服务价值的增值。

如何实现产品或服务价值的增值呢?

(1)借环境氛围,实现价值增值

同样两杯咖啡,原料、口感、容量大小都相同。将一杯放在路边店售卖,另一杯放在星巴克售卖,价格相差十分明显。为什么呢?这里除了店铺租金成本之外,还有一个重要的原因,就是两杯咖啡所处的环境不同。很多人之所以选择去星巴克喝咖啡,他们喝的其实是一种氛围、是一种品位,他们其实是在为星巴克的文化氛围和环境,甚至是每一首音乐埋单。

(2)用材料和工艺,实现价值增值

有时候,产品或服务的价值是需要通过包装来实现价值增值的。材料的高品质、工艺的精湛度,是实现产品或服务价值增值的一个重要方法。

劳斯莱斯之所以卖得贵是有理由的,在于它的工艺价值相较于其他汽车品牌要高很多。

看过劳斯莱斯生产全过程的人都知道,劳斯莱斯是完全由手工制造出来的。

打造一台散热器,需要一个工人花整整一天的时间才能完成。之后,工人还需要花费5小时对其进行打磨。最后,在安装发动机的时候,还需要花费6天时间。

制作一个方向盘,从开始到结束,需要花15小时。

装配一辆车身需要历经31小时。

制作一辆四门车,需要两个半月时间。

每辆车都需要经过5 000英里的测试检验。

劳斯莱斯的高价格,来自它的高价值,来自它的高品质,来自它的精湛工艺。

(3)稀缺性和独特性,实现价值增值

物以稀为贵,这个道理大家都知道。用稀缺性和独特性,同样可以实现产品或服务价值的增值。在这一点上,做得最好的当属农夫山泉。

农夫山泉借助产品差异化特点,打造稀缺性和独特性,为自身产品价值增值。

它的广告词"我们不生产水,我们只是大自然的搬运工",旨在告诉消费者,农夫山泉是健康的天然水,不是生产加工出来的,也不是后续经过添加人工矿物质生产出来的。差异化策略让农夫山泉和竞争对手拉开了距离。

前几年,随着小茗同学、海之言的出现,农夫山泉又一次通过产品卖点的创新，实现了产品差异化。后来又上市了一款用东方树叶的茶叶泡制的茶饮，并主打0卡路里，被称为健康水。

毋庸置疑，要想让最大限度地感知你的产品或服务的价值，就需要证明自己的产品或服务物超所值。

打造良好的客群关系

经济全球化的今天,企业与企业之间的界限越来越模糊,现代企业所面临的市场竞争愈发激烈。一个企业能够正常运作,并在市场竞争中取胜,追求实打实的业务活动是远远不够的,还需要与客户建立良好的关系。

在利益机制的驱动下,越来越多的企业明白"以用户为中心"的重要性,明白了客户决定企业的一切,包括经营模式、营销模式、竞争策略等。客户群体的一举一动都应当引起企业的高度重视,否则企业可能稍不留神就会失去大好的发展机遇。

因此,很多企业设定了专业的部门加强与客户群体之间的沟通,希望可以扩大客群规模。最重要的是可以通过客群关系的维护,有效加深客户和企业之间的紧密度,保证老客户留存、在提升客户群体对企业忠诚度的基础上,为企业带来源源不断的新客和更多的复购机会,帮助企业赢得更多的利益。

如何打造良好的客群关系呢？答案就是在坚持"以用户为本"的原则基础上，做好客群关系维护工作。

第一步：为客户建立档案，将客户分档

为客户建立专门的档案，将客户进行细分，是构建良好客群关系的第一步。

为客户建档，将客户分档，才能更好地了解客户属性。基于此，在进行客群关系维护的过程中，可以很好地根据客户属性、购买能力、购买喜好、购买习惯等，分析哪些客户是有价值的，哪些客户还存在哪方面的潜在需求，为之后客群关系的维护工作做好充足准备。

第二步：做微信账号定位，构建私域流量池

当前，整个经济领域的发展面临这样的现状：随着流量的红利时期结束，市场进入红海阶段，再加上用户也越来越注重产品或服务的品质和内涵，用户增长变得缓慢。这对于品牌和商家来说，拉新促活、增加客户黏性，则是让他们感到头疼的问题。

如果中小微品牌和商家依然坚持在传统电商模式中求生存，大家不计成本地一起争夺电商平台上的公域流量，那么迟早会因为巨额的成本而把自己消耗殆尽，最终还是难以留住用户。

解决这个问题的最好方法，就是构建私域流量池。构建私域流量池的好处就是"我的地盘我做主"，在私域流量池中的用户完全是私有化的，你想如何管理和经营用户，完全可以由你自己决定。

什么是"私域流量池"？要想了解"私域流量池"，我们需要首先明确什么是"私域流量"？

私域流量有一个相对应的词汇，就是"公域流量"。

公域流量，从字面意思来理解，就是公共区域里的流量。简单来说，公域流量就是用户有电商购物需求时，就会到电商平台购物，而这些用户聚集在电商平台上，就形成了公域流量。如淘宝、京东、拼多多、百度等平台的用户，都属于公域流量。品牌和商家，只要有足够多的预算，都可以在这些公共平台上不断获取用户。但每获取一次用户，都要为之付出相应的费用。

私域流量，即私密区域的流量。如当下的微信群、QQ群、社群等聚集的用户群体，都可以看作是私域流量。私域流量的特点是，品牌或商家不用付费就可以获得，而且可以在任意时间、任意频次，直接触达用户渠道，用户可以为品牌和商家贡献源源不断的价值。

在了解了私域流量之后，我们就可以借助微信群构建私域流量池，借助私域流量池更好地维护客群关系。

选择用微信做私域流量，原因有以下几点：

首先，微信作为一个容纳私域流量的容器，微信群中的客户群体组成的私域流量，可以实现实时在线、可触达、可成交。

其次，微信可以链接微信生态之外的私域流量，可以将微信群中的私域流量引向其他平台，实现流量转化。

再次，微信具有很强的社交属性，便于流量池内的客户群之间互联互通等。

最后，微信里的每一个人都相当于一个流量节点，每个人的社交链都可以借助微信实现不断扩充。

借助微信群构建私域流量池有以下两步。

步骤一：做微信账号定位。

做微信账号的定位，就是要提前给自己预设一个身份。这就好比我们日常交友一样，在向别人介绍自己的时候，首先会给出一个身份，让别人知道你是做什么的，方便别人更好地记住你。

设定身份，可以通过在朋友圈晒日常的方式，让自己的身份凸显出来。比如，你销售的是珠宝首饰之类的产品，就可以在朋友圈晒一些漂亮的珠宝首饰，或者分享珠宝首饰鉴别真假的方法，或者保养方法等。通过相关的身份设定，给人一种专业的行家形象。

步骤二：建立微信群。

根据客群分类，建立不同的微信群。建立微信群的目的，就是将微信群作为一个私域流量的载体，即私域流量池。

第三步：把老用户引入私域流量池

在完成前两步准备工作之后，就可以根据客群分类，将其引入相应的微信群中。

相信很多实体店都曾经尝试过引导顾客添加微信，但是很多顾客会觉得太麻烦，或者直接以"没时间"婉言拒绝。

之所以添加顾客微信失败，是因为想要钓鱼却没有给出"鱼饵"。可以适当给顾客一些好处，如"添加微信，购物享9折""添加微信领红包""添加微信领小礼品"等方式来吸引顾客添加。这几种利诱方法，线上线下都适用。对于用户来讲，添加微信不但没有什么损失，还能获得相应的好处，何乐而不为呢？

第四步：客群关系管理和维护

把客户引入私域流量池中后，接下来就可以进行客群关系管理和维护了，以此构建良好的客群关系。

（1）勤于沟通

想要维护好的客群关系，重点在于沟通与交流。

这里的沟通，不在于产品和服务，而在于人际沟通。换句话说，就是与客群之间像家人一样，有详细的语言接触。

首先，要有良好的态度，在与客群沟通的时候，要充分展示自己的热情和善意。最好要有专业的话术，而且能够针对不同年龄段和不同身份的人，有不同的表达方式和内容。

其次，万事都要经历第一次。在初次沟通的时候，由于彼此之间的印象不够深刻，所以一定要掌握"第一眼效应"，尽可能在客群中留下礼貌、热情、平易近人、亲切的好印象。

再次，在之后沟通的过程中，由于彼此之间已经熟识，沟通内容可以更加日常化，可以像拉家常一样，让对方能够以一种更加放松、舒适的感觉与你沟通。你可以和对方聊聊最近发生的一些趣事，以提升他们交流的欲望；也可以关怀一下他们的工作和生活。在与客户交流时，要尽量让他们多开口，让他们站在主位，积极、主动地分享。

最后，在沟通的过程中，也不要忘记顺便推荐新品和服务。你可以从他们的聊天中，洞察到用户隐藏的潜在需求，并且顺势做产品或服务推荐，可以是自家的产品或服务，也可以是别人的产品或服务。

你可以在客户群中与大家聊近期的工作、生活时，大家都抱怨年底工作量大、压力大，经常久坐加班，导致脊椎疼痛。此时，虽然你并不售卖缓解脊椎疼痛的相关产品，但你可以为他们推荐一款恰好你或你的朋友、家人等用过的一款产品，如果是你自己用过，可以直接推荐并现场演示，发小视频到微信群。如果是你的朋友、家人等用过，并表示当即咨询他们的使用情况，并如实反馈他们的真实使用感受。这样，群内的客户会认为你家品牌与其他品牌不一样，对他们的事情很上心、很热情，便会由此对你产生感激之情，发自内心地与你建立起了牢固的客群关系。

总之，能够做到真正"以用户为中心"，真正为用户带来好处，让用户的生活、工作变得越来越好，可能你这样做了一次两次之后，用户不会为之动容。但如果你能长期坚持，人心都是肉长的，用户迟早会被你感化。他们会觉得，你是除了他父母之外，对他最好、最关心他的朋友。这种可以交心的朋友关系一旦建立，那么牢固、稳定的客群关系也便得以成功构建。

（2）真诚以待

很多企业在用户方面，想到的只是如何让员工为自己做出更多的贡献，实现自身利益的最大化。他们往往忽略了客户的心情。这样是难以稳定客群关系的。只有站在客户的角度去思考问题，为客户争取最大的利益，只有客户的满意度提高了，企业的利益才会有所增加。关注客户的需求，提供满意的服务，帮助客户满足他们的需求，实现他们的利益，才能让客户觉得你的确是真正在为他们着想，处处在维护他们的利益。你对客户"掏心掏肺"、真诚以待，客户自然会明白你对他们的好，自然愿意和你建立起良好的客户关系。

让员工像 CEO 一样思考和做事

很多企业家都知道,企业的利润和价值是建立在客户关系基础之上的,所以在经营过程中,坚持"以用户为中心"的原则。这是企业家思维。

但在实际经营过程中,企业家会发现,其实自己的部分员工并没有对自己的工作十分上心,在工作中,认为把自己的本职工作完成,保证个人利益不受损失即可。这就是员工思维。

企业家思维和员工思维,是一个十分有探讨价值的话题。

如何能让员工也像企业 CEO 一样去思考和做事,能时刻"以用户为中心"来工作呢?

1. 培养员工"我是公司主人"的意识

物质分为"可燃型""不燃型""自燃型"三种。同样,人也可以分为三种：

第一种是点火即着的"可燃型"人；

第二种是无论用何种方式点火也无法点燃的"不燃型"人；

第三种是即便不用任何外力，自己就能熊熊燃烧的"自燃型"人。

"自燃型"员工，十分热爱自己的工作，同时还能持有明确的目标，时刻将企业的事业当作自己的事业去做，是每个企业都十分中意和喜欢的员工。

但，并不是每个人都是"自燃型"员工。对于那些"可燃型"和"不燃型"员工，企业该如何将其价值最大限度地挖掘和发挥出来呢？首先在于改变他们的思想，在他们心中树立"我就是公司主人"的意识。

很多员工认为"工作是工作，自己是自己"，他们会把工作和自己分得很清。要培养员工"我是公司主人"的意识，首先就要消除员工的"工作"和"自己"清晰的界限，消除两者之间的距离，让他们悟到"自己就是工作的一部分，工作与自己密不可分"。换句话说，就是让员工连同自己的身心，全部投入工作中去，达到自己与工作"共生死"的程度。在建立起这种"我是公司主人"的意识之后，员工才能对自己的工作产生强烈的挚爱之情，才能将企业当成自己的家，把工作当成是自己的事情去做，去最大限度地创造更多、更大的价值。

2. 让员工从雇佣者成为动态合伙人

以往，企业对于员工的管理是"胡萝卜+大棒"的模式：员工干得好，就给根胡萝卜，鼓励其再接再厉；干得不好，就打一大棒，对其以示惩戒。这种模式在现代经济发展,以及就业选择多样化的背景下,已经不再适用。如果继续使用,只会让企业越管理越糟糕。最终导致的结果就是,员工的忠诚度、敬业度、凝聚力逐渐下降,流失率越来越高。这对于企业的发展十分不利。

当下,应当采取的合理的、科学的管理模式是,把员工从雇佣者变为动态合伙人。这就要求企业给员工权利、给员工责任、给员工前景,给员工提供的不再是一个工作岗位,而是一个创业机会。这使员工从"为老板打工"变为"给自己打工"的心态,从原来的被动执行者变为主动创业者。员工也会遵从企业"以用户为本"的核心发展原则,为企业、为用户创造价值,实现自身、企业和用户各方的共赢增值。落到实处,就是要做到以下两点。

(1)权力下放

很多企业家将权力一手掌控,生怕权力下放,对自己的地位产生威胁。这样做,产生的实际结果是:员工有好的点子,难以落到实处;企业家不肯放权,胡子眉毛一把抓,干得心力交瘁。

但华为则不同,能够用一种独到的眼光,看到权力下放的好处,并且敢于将权力下放。

华为在初创时期,由于员工数量不多、部门和生产线比较单一,所以一直采用的是"中央集权"的管理模式,而且采用这种模式是为了防止权力分散而失控,让整个华为陷入成长困境当中。

如今随着华为的不断壮大,华为在组织结构和人力资源机制方面做出了改革,形成了权利的重新分配:将权力从上至下逐级分解。

用任正非的一句话来讲，就是"让听得见炮声的人来做决策"。

因为很多身处高位的企业干部，对"前线"的实际情况并不了解，而那些走在"前线"、真正与用户接触的人，往往对用户的实际情况和需求了如指掌。身处"前线"的人做出的决策，往往更具科学性、合理性、普适性。

在华为大胆放权后，调动了每一个华为人的工作热情，使得那些真正有能力的专业人士参与华为发展与壮大的各个环节，从而成就了华为如今在世界市场中的伟大地位。

放权给年轻人，其实是对企业、企业家的一种挑战。放权就好比是"放风筝"，企业要做到"舍得放，敢于放，放而要高，高而线韧，收放自如"。

（2）股权激励

为了让员工很好地构建起合伙人思维，股权激励也是一种很好的工具。在实践中，股权激励不仅停留在经济利益层面，还能让员工很好地感知自己的合伙人身份。

高盛在员工中选拔企业合伙人的时候，会严格控制选拔人数比例，一方面，使得合伙人身份成为一种稀缺资源，另一方面保证合伙人的精英化。除此以外，为了体现合伙人的荣耀身份，保证合伙人的既得利益，高盛采取股权激励机制，让激励对象通过感知到股权的所有权，而获得心理所有权的认知。在所有权认知的杠杆作用下，撬动其强烈的责任心理，由此在内心产生一种"企业家精神"。

如果用户是企业存在的理由，那么员工则是企业生存的基石。在经营管理的过程中，企业将重点放在了建立良好的客户关系的同时，一定不要忽视了员工对企业发展的重要性。让员工像CEO一样思考和做事，整个企业内部自上而下、自下而上都能顺畅沟通。在全员超强责任感、凝聚力的驱动下，员工的"主人翁"姿态自然而然就会形成。

团队价值决定公司价值

市场环境变化越来越复杂，一个成功的企业，一个能够真正创造价值的企业，仅靠一人之力是无法实现的。任何一个项目，即便个人的能力再强，经验再丰富，也需要组建一个团队来辅助其完成。

这就好比是一大堆沙子，将其单独放在那里，沙子是松散的。但将沙子和水泥、石子、水混合在一起后，比花岗岩还坚韧。

一个团队的价值有多大，就能为企业创造出多大的价值。团队价值决定了企业的价值。只有团队成员在工作的过程中做到"以用户为中心"，企业"以用户为中心"的价值原则才能真正得以实现。

1. 团队配合度决定企业价值

一个团队的价值，还取决于其凝聚力的大小。如果每一位团队成员都能默契配合，大家就能朝着同一个方向去努力。只要明确目标，就能达成共识、目标一致地向前进,就能让企业更加快速地运转,为企业带来更多的价值。

团队成员之间高度配合,需要做好以下3点工作。

(1)营造团队氛围

要避免团队成员形成散漫思想,要营造一种积极向上的工作氛围,引导成员之间相互配合,形成良好的团队精神和文化。这样不仅能培养员工的归属感,还能促进员工的共同成长。

(2)管理员以身作则

作为企业的管理者,应当起到表率的作用。通过自己的行动去影响员工,让员工以管理者为榜样,积极主动地参与到团队的建设中去。

(3)加强团队成员沟通

很多时候,团队之间配合度较差是因为缺乏沟通造成的。团队成员之间相互沟通和分享,可以加强相互之间的了解,彼此之间的联系更加紧密,一起为团队创造价值,为企业创造价值。

2. 确保每位成员各尽其责

很多时候,任务派给个人的时候,完成的效率很高。但将任务派给一个团队去做的时候,效率反而很差。造成这样的情况,原因在于每位团队成员并没有充分将团队的目标当作自己的目标去做,责任感较差。之所以会有这样的思想,是因为管理者没有将每个人的职责划分清楚。结果,那些简单的事情大家抢着去做,那些难度较高的工作,没人愿意去做。工作效率差,直接带来的后果是,企业效益低下,企业价值难以更好地体现出来。

解决这个问题的最好方法，就是要确保每位员工各尽其责。分工越明确，员工工作起来也就会越认真负责，效率也就越高，给企业创造的价值也就越大。

在确保每位员工都能各尽其责的同时，我们还应当做好以下两点工作。

（1）挖掘员工优势分配工作任务

在管理领域，有一句非常流行的话："没有无能的员工，只有不合理的管理。"如果将工作分配给不擅长该领域的员工去做，就会造成工作任务不能按预期完成，甚至出现工作质量不尽人意的情况。

要知道，团队中每个成员的个性、特长、优势等都不一样：有的员工专业性强，有的员工创新能力强，有的员工执行能力强。如果将每个员工的优势充分发挥出来，融进团队建设中去，就会弥补彼此的不足，让团队更具价值。

要根据每位员工的能力，为他们分配力所能及的工作任务，才能确保他们在自己的岗位上能够最大限度地发挥自己的长处，创造更高的价值。

（2）确保任务分配均衡合理

很多时候，管理者在分配任务的时候，喜欢把大部分工作交给自己看好的员工去做。因为管理者认为，交给自己不看好的员工去做，自己需要操很多心去核对、检视工作质量。而交给自己看好的员工，则效率高有保障，省心省力。但管理者没有思考过，如果总是把工作交给那些看好的员工去做，就会造成忙的人越来越忙，闲的人越来越闲。久而久之，就会让那些忙的人深感压力过大，心生不满；而那些闲的人的工作积极性越来越差，进而形成自由散漫的习惯。

当这种情况越来越糟糕的时候，就会造成整个企业工作量严重失衡，进而引起不必要的矛盾，团队之间的和谐和团结也会由此被破坏。

虽说能者多劳，可以激发员工的斗志，但"多劳者"与"不劳者"的"所得"相同，必然使那些"多劳者"心生芥蒂，反而会消磨掉他们的工作热情。

公平、均衡，才是一个管理者应当做到的事情。管理者要明确员工能力、给员工分配合理的工作任务，并设立明确的奖惩制度，这样可以保证每一位员工都能尽职尽责，高效工作，在实现自身价值和收益最大化的同时，也能最大限度地为企业创造价值。

总而言之，企业每位员工的工作都具有独立性，但又与企业的整体发展紧密关联。如果每位成员之间不能齐心协力、保持合作，整个团队的战斗力也就会降低甚至会丧失。只有团队成员知道自己该负什么责任、承担什么、收获什么，才能保证团队价值最大化，在工作有序开展的基础上，实现企业价值的最大化。

CHAPTER 9 第九章

研发创新：
以价值创造为目标值原则

纵观历史，没有哪个企业故步自封却依然能够在市场中屹立不倒。凡是那些发展好的企业，都是在处理好继承和做好不断创新的过程中一步步崛起，成长为行业的中坚力量。但无论做什么样的创新，都应当以价值为原则，以价值创造为目标。这样，你的企业才会在发展的过程中越来越有价值。

创新中的短期价值与长期价值

当下,在全世界正在积极探索新技术、新产品、新服务的同时,谁能顺势而为,在科技进步和创新上有所突破,谁就能获得可持续发展,并走在行业发展的最前列,引领行业发展。

从企业发展来看,创新才能更好地实现企业价值,才能使得企业在市场中站稳脚跟,并赢得更加长远的发展。每一次创新,都是企业价值的一次增值。创新的目的,在于为企业创造更大的价值。但基于创新所创造的价值,分为短期价值和长期价值。在创新创造价值的问题上,有的人认为企业应当注重短期价值给自己带来的巨大效益,有的人认为企业应当放眼长期价值,为自身带来源源不断的收益。那么通过创新带来的短期价值和长期价值究竟有什么区别呢?

1. 短期价值

短期价值往往具有见效快的特点,可以经过创新实现快速爆发,而且产生的价值是极其诱人的。很多企业寄希望于短期价值，更希望自己通过创新实现短期价值，将自己"一口吃成胖子"。但这种短期价值往往经不住时间的考验，慢慢地就会发现短期价值会随着时间的冲刷，渐渐消失殆尽。

2. 长期价值

长期价值，就是企业做出的产品、服务、技术、管理等方面的创新，在未来很长的一段时间里，都能给企业带来价值、带来好处。其特点是，在当下的某段时间里，创新所产生的价值并不会显现出来，但久而久之，因为时间跨度的延长，所产生的价值就会悄然浮出水面，而且体现出来的价值会变得越来越明显。

任何一家企业都想长期走在行业发展的最前列，这应当是每个企业的发展愿景。

对于企业而言，基于创新带来的短期价值是保证企业能够活下去的前提，是战术；基于创新带来的长期价值，才代表了企业的战略定位和创新动力，是企业长存的根本。

> 华为就是一个注重短期价值和长期价值创新的典型企业。
>
> 不管是管理体系还是产品、技术的研发，华为一直都走在不断创新的路上。在业内，华为的创新能力非常出众。
>
> 在创立之初，华为还是一家代理销售交换机的小公司。随着国外交换机不断进入中国市场，华为发现，做交换机生意的，利润空间越来越小了。要想让华为更好地活下去，要有自己的交换机，要

靠创造长期价值，才能让企业长期占据有利的市场地位。于是，华为便开始从一个比较落后的企业，一路追赶，想要成为电子产业领域的佼佼者。

在追赶的过程中，华为发现，市场中那些先行者已经占据较大份额，并制定了一套"游戏规则"，华为作为后来者，只能遵循规则，才能将"游戏"继续进行下去。

为了能够在市场中更好地立足，华为引进了新技术，并不断进行创新。最开始从一些小零件开始做研发，用低成本试水。后来开始介入3G技术，与一些企业寻求合作后，开始走上自主创新之路。

因为华为明白，创新是推动企业发展的强大动力之一，能给企业输入更多新鲜的血液。之后，在全球纷纷转向5G技术研发与创新之际，华为作为5G创新先行者，走在了世界5G研发与创新的最前列。从2G到5G，经过艰苦卓绝的奋斗，华为最终从一个追随者变成了领跑者。如今，华为正致力于5G技术的全面普及，将5G技术应用于产品创新和研发中，成为5G领域的佼佼者。而5G的创新，为华为带来的长期价值也在逐步显现。

在创新的过程中，企业要通过短期价值，保证长期价值的实现。然而，企业要想长期稳占市场，就需要进行基于长期价值的创新。因此，短期价值和长期价值在企业发展的过程中，都应当给予重视。尤其对于初创企业来讲，前期注重短期价值的创新，是为了储备更多的"粮草"，而后期进行长期价值创新，是为了保证企业在行业竞争这一"长期战"中保持持续的竞争力。

创新要时刻以市场需求为导向

时代在发展,消费者的消费理念也在发生变化,由此导致市场需求也在随之逐渐改变。但无论市场需求如何变化,企业能够在市场中获得生存和发展的关键在于创新是否以市场需求为导向,是否能够及时推陈出新,生产出能够得到消费者认可的新产品。

科技创新,要时刻以市场需求为导向。

海尔洗衣机,从1984年创办至今,不但见证了中国家电行业的悲喜动荡,而且也抵挡住了世界洗衣机大鳄的冲击,成为中国洗衣机行业的幸存者,并发展成为中国洗衣机行业的第一个世界品牌。这些不但是海尔洗衣机实力的体现,更是其在创新中以市场需求为导向的结果。

海尔在1995年研发出了一台全塑外壳、集全自动及洗衣脱水功能的滚筒洗衣机。

此后，由于考虑到上海最热的时候，人们一天就要换洗两次衣服，洗衣频率提高了，但量却少了，而以往研发的5公斤的洗衣机已经不再适合消费者的需求了。在这种情况下，如果开发小型洗衣机，将会有很大的市场。经过上百次技术论证，海尔的"小小神童"洗衣机方案趋于成熟。实践是检验真理的唯一标准。为了进一步对这个方案进行论证，海尔专门向用户发出"咨询问卷"。让人意想不到的是，一下收到了5万份回信，信里充满了人们的鼓励还有渴盼，有的用户甚至已经对这种小型洗衣机迫不及待了。用户的心声，是对研发人员进行创新的肯定和动力。经过多次打磨之后，"小小神童"终于走下生产线，走向市场，获得了广大用户的青睐。

虽然"小小神童"取得了成功，海尔并没有就此止步，而是时刻倾听市场的声音。有人表示："'小小神童'虽然很好，但不具备甩干功能。"海尔的研发人员抓住这个细节，打造出了新一代具有甩干功能的"小小神童"。之后，海尔的每一次产品创新与迭代都与市场需求紧密相连。

后来，有一位农民投诉海尔洗衣机的排水管总是被堵，服务人员在上门维修时发现，原来这位农民在用洗衣机洗地瓜。因为泥沙太大，使得排水管被堵。于是，海尔技术人员当即闪现出这样一个念头：如果有一款能够洗地瓜的洗衣机，那该有多好。为了实现这个愿望，海尔的技术人员经过长时间的创新和研发，最终打造了一款双通、可以洗地瓜和水果的洗衣机。没想到的是，本来是以试水的心态先向市场投放了1万台，但没想到的是，这一万台机器立刻被一抢而空。

做研发和创新，首先需要想到的是用户和市场。脱离了用户和市场的创新，是难以让用户为你埋单的。你创新的产品，首先要得到用户的认可，能够满足市场需求，你的创新产品才具备价值，最终才会赚钱。真正堪称成功的创新，看重的并不是产品的技术是否新颖，而是要把产品创新和市场结合起来，迎合市场的需求，产品才能贴近用户。

那么，如何以市场为导向进行创新呢？答案是：在细节处做改变。

有的时候，研发人员苦于找不到创新的发力点，这是因为他们没有做到足够细致。俗话说："细节决定成败。"

用户是点，市场是面。要定期对用户满意度做调查，用户满意度调查已经成为产品创新的重要组成部分。通过调查，发现用户对产品的满意之处和不满意之处。如果能够在创新过程中，将用户生活中的不满意点、遗憾点以及希望点，作为市场潜在的需求点，然后在细节处加以改变，那么你通过创新打造出来的产品，必定能够受到消费者的欢迎。这与你盲目创新相比，不但可以少走很多弯路，而且可以实现精准创新。可以说，市场中每个有待完善的细节，都是你值得研究的创新课题。

企业与时俱进，紧跟市场需求，进行创新，需要注意掌握以下3点。

1. 创新是否能为市场带来价值

企业本身就是一个以营利为目的的机构，很多企业认为能为自身带来效益的创新，才是真正有意义的创新。所以，它们为了创新而创新，却并没有考虑一个问题：你的创新是否能在市场中产生价值。

对于企业创新而言，市场价值先于经济效益。没有为市场带来价值的创新，即便能够获取经济效益，也只是昙花一现。

2. 创新是否能迎合用户的兴趣

做产品或服务创新，必须保证每一次创新都能建立在很好地迎合用户兴趣的基础上。否则，即便你做的创新再新颖、再独特，你的创新产品或服务终究难逃被淘汰的厄运。

3. 创新是否能应用到实践当中

创新并不是一个口号，也不是纸上谈兵。一切经过创新的产品或服务，最终的归宿都是用户和市场。创新是否能够取得成功，检验的唯一标准就是：你做的创新是否能够应用到实践当中。无法应用到实践的创新，都是在做无用功。

市场是一个巨大的试验场，产品或服务的创新最终都需要投入市场怀抱进行检验。只有那些真正以市场需求为导向的创新产品或服务，才能经得住检验，才对市场真正有价值。

要完善创新中的核心价值驱动机制

一个企业的发展，离不开每位员工的努力，驱动企业通过创新实现核心价值的根本动力同样在于员工，"人"是企业在整个价值创造中的主体。

传统企业的价值创新能力还很弱，这是因为在价值管理过程中，由于对人力资本要素重要性不够重视，导致与人力资本挖潜的相关制度含糊不清，最终导致企业价值创造驱动力不足，价值创造效率低下。

想要通过研发创新获得企业核心价值的增值，就必须在注重人力资本的前提下，对企业相关制度进行完善，从根本上改善企业价值创新驱动机制，赋予人力资本充足的原动力。

那么，企业应当建立什么样的价值创新驱动机制呢？

1. 建立完善的评估机制

很多企业会设置总经理信箱，其目的：一是为了鼓励员工对不良风气进行检举；二是多听取来自基层员工的创新性意见。

很多时候，企业的领导者在看到员工的意见后，往往不能很好地辨别真伪和时效性、可操作性，就贸然责令相关人员执行，结果等落实时才发现存在很多问题。这样，企业就不再采纳员工的建议，最后导致企业的价值创新性缺乏。

要解决这些问题，重点就是企业需要构建完善的价值创新建议评估机制，可以召集相关部门的人员进行集体研讨。通过研讨后，决定哪些价值创新建议是可行的、是有价值的。这时，员工提出的价值创新方案才会有意义。当然，为了保证公平、公正，可以对创新方案提出者进行保密，等到确定方案的可行性之后，再予以公开表扬。

2. 创建多方激励机制

员工积极性的高低，决定了企业收益的大小。但"只让马儿跑，不给马儿吃草"，马儿迟早撂挑子。员工进行价值创新的积极性，取决于员工付出后是否能得到公平的薪酬待遇。

"重赏之下必有勇夫。"创设激励机制，如股权激励、荣誉激励、福利激励、工资晋级激励、住房奖励、奖金激励等，是企业对员工工作积极性的最好激励。

在设置激励机制的时候，需要对价值创新方案进行分解，明确每项工作的工作量、重要性和紧迫性。然后按照权重对分解后的工作内容进行重新评估，按照评估结果对员工进行针对性激励。只有这样，企业全员的价值创新氛围才会很好地调动起来。

华为一向坚持"以奋斗者为本"和"按劳分配"的原则，强调向优秀的员工做出更多的利益激励。为了让员工感受到企业公平、公正的待遇，华为专门设立了股权分配制度，员工按照工作年限和绩效，可以分配到不同的股权数。在每年年底结算的时候，员工会分得相应的奖金。这种分配制度和员工绩效相关联，员工想要获得更多的奖金和福利，就需要努力为企业创造更多、更大的价值。华为的这种"按劳分配"原则，在很大程度上激发了那些进行价值创造员工的工作积极性和自主能动性，创造了员工价值和企业价值共赢的局面。

3. 创建自我评判机制

无论是生活还是工作中，很多人总是喜欢批评别人，从他人身上找问题，却难以做到自我批评。正向的批评和自我批评，往往能使人进步。但批评他人，除非对方是你十分要好的朋友、亲人，否则会使得彼此之间的关系变得疏远。

对于企业员工来讲，如果总是喜欢批评他人，势必会让双方产生隔阂，不利于企业凝聚力的打造。企业应当建立员工自我评判机制。如果企业能倡导员工进行自我批评，久而久之，员工就会在自我批评中成长和进步。

在进行价值创造的过程中，员工进行自我批评要遵循"三讲三不讲"原则：讲自己，不讲别人；讲主观，不讲客观；讲问题，不讲成绩。

在具体的应用过程中，员工在提出价值创新方案或建议后，应当首先对方案和建议进行自检，开展自我批评。但在落实过程中，通常会遇到这样一个难题：责人易，责己难。很多员工会出现抹不开面子、抛不下个人利益、拿不出实际行动的情况。这是员工进行自我批评的三大"拦路虎"。只要能过了这三关，在价值创新方案或建议偏航的时候调转船头，找准正确的航行方向，那么你的价值创造方案或建议必定能让企业受益。

创新中走出自己的路，让别人无法超越

随着市场竞争越来越激烈，企业如果不能为自身注入新鲜血液，就会缺乏市场优势，在市场竞争中被淘汰出局。创新，是企业发展不可或缺的一部分。创新是企业创造价值的核心，企业的价值创造离不开创新的支持。

对于一个企业来讲，创新就是勇于突破企业的自身局限，革除旧有的体质、办法，在现有的条件下创造出更多适应当前市场需求的新体制、新举措，助力企业走在时代潮流的最前方，赢得市场的竞争力。

但真正靠谱的创新，其实就是"走出自己的路，让别人无法超越"。

可口可乐自1919年成立至今，已经历经一百多年了。即便经历岁月的冲刷，却依然无人能够超越和取代。

细心的人会发现，可口可乐瓶身上清清楚楚地写着配方成分，

但却没有人能真正做出来，原因就是虽然有了配方，但对制作顺序和过程却浑然不知。

可口可乐能够成为当下全球畅销饮料，除了其经典的口味和绝密的配方之外，其成功的关键，还在于这种饮料的载体——可口可乐瓶子在一次次创新中，实现了华丽变身。

如果把可口可乐的瓶子看作是一件艺术品，那么它必定是当之无愧的最成功的艺术品之一。

可口可乐的瓶子最初是酒瓶子的形状。后来，设计师突发灵感，根据美国妇女当时最流行的一款裙子设计出新的造型。这种具有优美曲线和弧度的瓶子不但外形美观，而且还能防止从手中滑落。然而，时至今日，这种具有标志性特征的可口可乐瓶身，依旧以其优美的曲线征服了全球的消费者。在当前受到艺术热潮的影响下，品牌的标签化特征则日益凸显。

就在前段时间，可口可乐公司对外宣布，已经研发出了一款新型环保包装，可乐包装由含塑料的内衬纸壳以及能够回收的塑料瓶盖组成，取代原有的可乐瓶设计。对于这样的创新设计，可口可乐的初衷是能够通过瓶子回收，起到保护环境的作用。

可口可乐一直在做创新，也吸引了市场上不少人的模仿。可口可乐创造了一个难以超越的传奇，使得一个品牌成为一个行业的代名词。

企业如何才能在创新中走出自己的路，并让别人无法超越呢？

1. 敢于走别人没走过的路

鲁迅说过:"其实地上本没有路,走的人多了,也便成了路。"的确,在企业创新的路上,同样是这个道理。

任何创新都没有现成的路可走。在这条创新路上充满了未知,充满了恐惧和害怕。因此,企业家会纠结如果迈出去这一步,是否会成功,是否会让自己血本无归。于是,他们畏首畏尾,不敢行动,最终错失市场先机。只是步别人的后尘,决不能开创新的事业、创造新的价值。

企业要想在创新中走出自己的路,并让别人无法超越,首先就需要拿出足够的勇气,敢于逢山开路遇水搭桥,奋力蹚出自己的路。

> 从事精密陶瓷、工业产品生意的日本京瓷公司,其创建者兼名誉会长稻盛和夫就是一个敢于走别人没走过的路的人。他以这样的气魄不断开发新产品,不断向新事业发起挑战。
>
> 在一次采访中,稻盛和夫说:"昨天走过的路,今天又走,或者重复别人已经做过的事情,这与我的天性不和。我总是选择一条别人没有走过的路,直到今天。"

和别人做同样的事情,走别人走过的路,很难收获好的结果。因为那么多人走过的路,将不会留下太多有价值的东西。如果敢于走别人没有涉足的新路,虽然走得艰难,最终却能创造出更多有价值的成就。

2. 坚持科学的方法进行创新

有一个成语故事叫《道旁苦李》，讲述的是魏晋竹林七贤之一的王戎，在他七岁的时候，看到路边的李子树果实累累，甚至压折了枝条而不去采摘。经过一番推理，他认为：这棵树上的李子一定是苦的。因为路边的李子如果是甜的，早就让路人采光了。

讲这个成语故事，目的是说明一点：创新要坚持用科学的方法去思考和探究，而不是盲目去做。

（1）用开放合作的心态去创新

传统的思维模式认为，企业与竞争对手之间就是一种敌对关系，永远不可能成为彼此的朋友。但在当前这个开放的时代，企业如果还坚持固有的思维模式，必定是死路一条。

"三个臭皮匠，顶个诸葛亮。"每个企业都有自己的核心技术和优势，如果没有开放的思维，没有合作的心态，企业只能在方寸之间创造有限的价值。如果企业能够走向开放，那么所创造的价值必然是 1+1>2。

（2）以客户需求为基本点进行创新

最科学的创新，就是以客户需求为基本点进行创新。这样，你的创新点子取之于民，创新产品、服务、技术等用之于民，才不会辜负你在价值创新路上付出的努力。

3. 创新需要寻找新的突破点

任何一个领域，在领路人身后，总会聚集着一批跟跑者。他们在创新的路上，一直是在模仿。换句话说，就是在用一种从众心理，用一种跟风的方式去做所谓的创新。

真正伟大的创新，不会止步于模仿，而是寻找新的突破点，作为创新的切入点。

当时，星巴克的创始人舒尔茨，试图在美国再现意大利咖啡店。但真正将这种构思付诸实践的时候，却发现意大利咖啡店的那种站着喝咖啡的方式显然出现了水土不服的情况。为此，他找到了新的突破点做出了创新，即以意式风格融合美式休闲的方式开始经营，走出了自己的风格。

从0到1，十分艰难；从1到2，更是不易。要想超越榜样，成为别人的榜样，就需要站得高、望得远，找到创新的突破点。

当然，除了以上这几点，实现真正有价值、让别人无法超越的创新，还需要带上足够的才气、学识、智慧，甚至机遇。

在不断迭代创新中领跑市场价值

这个互联网时代，短平快是最显著的特点。在这个时代生存和发展的企业，一定要明白一个道理——天下武功唯快不破。不管什么行业的企业，不断快速迭代创新，才能拉开与竞争对手的差距，才能成为市场价值的领跑者。

那么，企业应该如何通过不断快速迭代创新领跑市场价值呢？

1. 不断跟随用户需求实现迭代创新

我们总是希望创造出完美的产品，在市场上一鸣惊人。但时代在发展，用户的需求也在不断发生着变化，产品就要跟随用户的需求，在不断迭代和更新中进行完善。所以，企业在进行产品迭代创新的过程中，应当追求的是最适合原则，而不是最完美原则。即便产品假设得再完美，随着用户需求的变化，终将有不尽如人意之处。迭代创新的产品，只要符合当下消费者的需求，那么你的产品就是可以领跑市场价值的产品。

百度在开发出第一版搜索引擎时，其功能已经非常强大了。但从更加专业的角度来看，这款搜索引擎还有继续提升的空间。对于是否将第一版搜索引擎立刻推向市场，企业内部持有不同的观点。

最后，百度创始人李彦宏提出："真正完善它的人将是用户……知道了他们的想法，我们就迅速改，改了一百次之后，肯定就是一个非常好的产品了。"的确，任何产品都不能达到理想中那么完美，因为完美本身就是动态存在的。只有迅速让产品去感应用户需求，一刻不停地进行升级进化，才能在行业中实现领先。用户的需求日新月异，永远没有最好，只有更好。

因此，按照李彦宏的提议，百度搜索引擎不断更新迭代，每一次的更新迭代都意味着离用户又更近了一步。正是因为长期坚持以跟随用户需求进行创新，百度在搜索引擎领域里永远保持在进化链的最高端。

2. 不断进行自我超越实现迭代创新

任何产品都不能达到完美，因此企业应当经常要求自己超越已经达到的成就，将产品做到精益求精。只有不断创新、挑战自我，超越自我，才能让自己的产品创新有更大的突破，并由此拉开与竞争对手之间的距离。

伊利人一直秉承着这种老鹰重生的精神,即不断进行着自我超越。因为他们明白：持续进行产品迭代创新,才能突破市场竞争,为市场带来更多的价值,引领市场和行业健康、快速发展。

运输创新：伊利集团鼓励员工进行细节性创新。以前,在给集装箱装货的时候,叉车必须开进集装箱内才能把货送进集装箱的最里边。这样一进一出,很不方便。后来,有一位一线工人想了个办法,在货架底盘处安装了两个滑轮。这样,叉车再也无须进入集装箱,而是通过滑轮的机械力,将产品一个个顶进集装箱。

这样一个小小的创新,除了为伊利加速了货物装箱速度,还有效减少了能耗。

技术创新：伊利在技术方面做了大量领先行业的创新,如冷库改造、锅炉创新、水循环利用、制冷节能等。每年,伊利都会有几百项技术创新项目,其中20%的项目已经申请了技术专利。

产品创新：在运输和技术方面的创新,其最终还是为产品服务的。伊利在产品方面,不断进行迭代创新。针对一些消费者喝牛奶会引起肠胃不适的问题,伊利用了4年时间,研发出了"营养舒化奶"。此后,伊利还借助先进的奶粉生产技术,同样用了4年时间,研发出了"中国母乳数据库",生产出了更加适合中国儿童生长发育的"金领冠"奶粉。后来,为了对产品进行再次迭代创新,研发出了在牛奶中添加谷粒的"谷粒多"早餐奶。近几年,伊利的迭代创新产品层出不穷,在丰富了自身产品类型的同时,更是引领了整个行业的发展方向。

3. 让用户参与其中进行迭代创新

很多企业只是懂得挖掘和发挥自己的作用和价值，却忽略了与产品最贴近的用户。企业缺乏的是将产品交给用户去设计研发和迭代创新的魄力。很多企业认为，产品设计研发和迭代创新是一件十分专业且难度极大的事情，用户作为普通人是无法胜任的。其实这样的思想是错误的。试想，是设计师更了解用户，知道用户真正想要的是什么？还是用户更了解他们自己，知道自己真正的需求是什么？答案显而易见。所以，用户参与度与迭代效率的平衡点显得尤为重要。让用户自己参与到产品的迭代创新中来，你才能获得更具市场领导潜力的超级产品。

> 小米十分注重用户在产品迭代创新中的参与度。小米的用户群体以及"米粉"都是一群年轻、时尚、充满活力的人群，势必会要求小米产品的外观设计时尚前卫，使用功能更加适合年轻人的使用习惯和爱好。
>
> 小米邀请自己的粉丝作为小米的产品经理，让粉丝参与到产品的研发设计、迭代创新中来，最终小米获得的产品是更符合消费者需求的创新产品。

时代在不断变化，企业要想适应时代的变化，就需要紧跟时代的节拍，摒弃守旧思想，以"己变"应万变。企业的生存法宝就是具有大胆试、大胆闯的魄力，在不断迭代与创新中领跑行业。

融合新技术，持续创造产业新价值

当前人类发展进入数字化、智能化、云计算、5G时代。数字化、智能化、云计算、5G技术正以前所未有的方式赋予企业价值快速增长的能力。越来越多的企业正形成一种共识，即未来的企业只有两种：一种是数字化、智能化、云计算、5G原生企业；另一种是数字化、智能化、云计算、5G转型的企业。在这种大环境下，企业的价值创新更离不开这些全新技术的推动。

现如今，但凡那些能够顺利度过各种状况，在市场中能够持续创造产业价值的领先企业，其根本原因就在于能够运用全新的技术，将市场与技术相融合，持续生产出能够真正满足顾客需求的产品和服务。这些企业也因此成长得更加稳健。

那么，企业应该如何将新技术融合到产业价值创新过程中呢？

1. 增强对新技术的认知

回顾人类发展的历程，每一个阶段，无不是在全新技术的推动下向前发展的。

如果把产业价值看作是生产力，那么新技术就是生产工具。科技创新推动企业实现更高的产业价值。这一点，一定要让企业全员有一个最基本的认知。

2. 加速新技术的应用与落地

强化新技术的认知，只是迈向产业价值创新的第一步。真正促使新技术加以落地和产业价值创新得以实现的是，企业要付诸实践，真正将新技术融入自身发展当中。

（1）人工智能

当下，人工智能呈现规模化，很多企业争先恐后拥抱人工智能。融入人工智能的企业对用户、合作伙伴的响应比同行快50%。已经有超过50%的用户界面在人工智能的支持下，使得AR（增强现实）、VR（虚拟现实）、计算机视觉、自然语言处理（NLP）成为现实。

菜鸟网络科技有限公司（以下简称"菜鸟网络"），是阿里巴巴旗下开辟的又一业务，由阿里与三通一达（申通、圆通、中通、韵达）共同组建而成。菜鸟网络在发展过程中，发力人工智能，打造了呆萌可爱、工作效率更高的末端配送机器人、仓储分拣搬运机器人。这样，不但提升了业务速率，还使得快递员和仓储工人再也不用每天不停地奔波了。阿里巴巴借助人工智能，为整个行业的发展带来了巨大的改变，有效提升了快递物流业的效率，为整个产业创造了巨大的价值。

（2）大数据

数字创新正成为当下企业实现可持续发展和提升行业竞争力的核心技术。大数据对企业产业价值创新的影响，包含了方方面面。

①数字化工厂

工厂实现数字化，为企业带来最大的影响是降低了成本、提升了效率，实现品控标准化、质量可追溯。在数字化工厂里，所有有关产品的原材料、仓储、运输、销售等信息能清晰呈现，有效降低了物料损耗成本，同时也能保证产品的全流程可追溯，让用户买得放心，用得安心。

报喜鸟就是在数字化、智能化的基础上，转型做私人定制，使对消费者的服务得到了进一步的升华。

首先，消费者通过报喜鸟的官网或者天猫、京东、400热线、线下实体店等渠道进行预约定制，并且自主选择自己喜欢的面料、工艺、款式、领型、纱线颜色等。此外，还可以根据自己的喜好进行DIY。待预约完成以后，接下来便是报喜鸟指派专业搭配师和量体师进行72小时的上门服务。之后，再由工作人员将预约的所有数据以及上门量体等数据录入后台，由后台对这些数据信息进行分析和整合，通过三种不同功能的智能生产系统生成版型、工艺、物料、排单四类生产资源信息。最后，通过智能系统将各组数据同步汇集到先进的MES生产执行系统，生成唯一的编码，再将编码导入RFID芯片，根据芯片上的个人服装"身份证"数据信息，所有的原料和辅料都通过智能制衣吊挂体系传送到每位工人面前，并在其面前的平板显示屏上可以看到所有有关该消费者定制服装的信息，从而确保一人一版，一衣一款，一单一流。此时，报喜鸟的数字化、智能化生产车间便开始工作了，一场定制之旅便由此开始了。经过各个环节360个小时的精细生产之后，一件完美的定制服装便可以送达顾客手中。

报喜鸟借助数字化、智能化转型做私人定制，为服装制造业整个产业创造的巨大价值是毋庸置疑的。

②数字化管理

数字化管理为传统的企业管理模式带来了巨大的变革。

一方面，工作任务、交付周期、执行标准等清晰可控，员工收益与自己的工作能力和工作质量成正比，有效调动了员工的工作积极性。

另一方面，考勤和考核融入数字化，对每位员工的工作轨迹、核心能力清晰可见，直接影响员工的收益。

③数字化营销

数字化营销，弱化了营销、销售和市场的边界，使得企业盈利逐渐变得系统化，能够更精准地找到用户、促进成交、商品配套将更加及时精准。

相较于传统企业，这些"数字化"加速了企业实现产业价值创新的进程。

(3) 云计算

云计算应用于企业发展过程中，可以带来诸多好处：

在企业运作过程中，云计算可以使得企业业务运作更加快速、高效；

与一般的物理硬件相比，成本要低很多；

基于云计算，使得企业对内部数据、文件的可控能力大幅提升，与本地部署的服务器相比，更具安全性。

(4) 5G

近年来，5G正式开始进入商用阶段，为很多企业带来了全新的机遇。

制造业。5G对于制造业的影响十分巨大。5G技术代表了更高宽带、更低延迟的网络服务技术。将5G布局制造业，借助5G可以提升企业的自动化和物联网的工作速度，最直接的影响就是有效提升制造业的生产效率。

金融服务。金融服务在接入5G技术之后，远程用户可以享受闪电般的服务。

媒体娱乐。5G技术应用于媒体娱乐，意味着消费者可以实时享受更加优质的画面观看体验。

医疗保健。5G技术对于医疗保健行业的变革，包括实现服务边远地区患者的远程治疗、借助可穿戴技术实现患者健康数据的实时监测和分析等。

零售行业。在5G技术的基础上，添加人脸识别、红外技术、增强现实等技术，可以实现无人零售，消费者从选购商品到完成交易，自己轻松操作即可完成。省去了人力成本的同时，更好地满足了消费者的购物体验。

当然，以上几个行业和相应的应用场景，只是5G技术应用的一角。5G技术还可以与很多行业相结合，为不同行业的发展创造出惊人的价值。

在这个新技术云集的时代，谁能抢先拥抱新技术，谁就能最先拥抱生产力，谁就有机会创造更大的产业价值。这样的企业，往往更具前途。

后　记

　　企业家个人成长不是一个阶段性的目标，而应该是终身成长，正所谓"活到老，学到老"。在"读万卷书""行万里路"，以至"阅人无数"中持续成长。凡是在企业的创立、稳定和发展中能够在市场立足并实现基业长青的，都是那些坚持学习、善于学习的人。

　　企业家个人成长和企业经营管理密不可分。企业家成为学习型的人，就会影响或带领自己的核心团队成员一起学习，共同创造学习型企业。企业家知道，学习是企业生命力和持续成长的源泉，真正有生命力的企业是学习型企业。而学习是创新的基础，只有企业经营者思想解放、观念创新，积极提升经营理念，建立持续学习的机制，创造良好的学习环境和学习机会，在学习上加大投入，让学习成为员工内在的自觉要求，并激励员工把学习成果转化为创新能力，才能实现真正的创新价值。那么，什么是真正的学习型企业呢？

　　首先，以共同愿景为基础。个人生命愿景和企业愿景的方向是一致的。每个人都有自己的愿景，都有自己的生活梦想，也有实现梦想的规划和行动计划。但如果不和企业愿景的方向一致，就会变成空想。就像鱼儿离开了水、玫瑰花种在沙漠里一样，是不能存活的。所以，牢记企业愿景，在职业活动中保持以共同愿景为基础。

其次，以团队学习为特征。团队学习不同于个人学习，个人学习满足的是个人学习兴趣和需求，以个人成长为目的。而团队学习是满足团队方向和目标实现的需求，具有共同性和一致性，如学习共同的内容，或者在学习体系中分类、分部分，再进行整合。我们通常会看到企业董事长带领核心团队出现在一个课堂中学习的画面，这就是团队学习。

再次，以人为本。"做事先做人""人对了，事就对了"是人们常常挂在嘴边的话语。在企业管理中，把员工的需求和成长作为根本问题来对待，就是以人为本的具体体现，了解和满足员工的物质需求和精神需求，建立正确的员工观，使员工在工作中获得愉悦感、成就感、归属感和使命感。

最后，以解决问题为核心。企业在发展过程中总会遇到这样那样的问题，比如：成本控制问题、财务核算问题、客户投诉与服务问题、工作态度问题、销售问题……如果这些问题都需要老板亲自去解决，企业一定不能发展。只有每个岗位的人员都具备解决问题的能力，人人都尽其才、尽其责，企业才能健康、稳定的向前发展。

浙江华柯园林建设有限公司就是一家学习型企业，企业的中期目标是成为"浙西园林第一品牌"。

浙江华柯园林建设有限公司成立于2017年，不到五年时间，年产值从300多万元扩展到了2020年的6 000多万元，产值增加了近20倍。公司管理人员也从创办时的1人发展到现在的20多人。满负荷工作的时候，每天调度、指挥和管理几百人的现场工地的施工人员，他们不仅是园林工程项目的建设者，更是被市民誉为"城市美容师"。"园林美丽城市，幸福美好生活"已经成为华柯文化的企业使命，企业的发展与城市的发展和市民对高品质生活的追求息息相关。

华柯园林和其他创业型企业一样，也遇到了一些发展中的问题，比如：管理人员的管理能力有限和经验不足、现场施工的原材料浪费、项目运营成本管控措施不力、与建设方和工程监理方沟通不顺畅等。在出现问题的时候，企业及时进行调整，态度的问题从思想根源、思维方式入手进行解决，能力的问题从学习和沟通交流入手进行解决，企业从粗放式的简单化管理方式逐步向数据报表式的科学管理方式过渡，董事长亲自带领核心管理骨干参加领导力等心态素质培训和阿米巴经营管理课程的学习，提升综合素质和能力，向管理要效益。企业也逐步发展成为学习型企业，个人成长和企业成长成为常态化。

企业家个人成长与企业成长之间存在必然联系，学习型企业与企业所创造的经济价值和社会价值存在必然联系。辽宁省沈阳侨乡秒创空间董事长陈建新的成长经历，也诠释了从福建莆田农村走出来的创业青年成长为沈阳市大东区人大代表和知名企业家的成长过程及价值法则。

后 记

陈建新于20世纪60年代出生于福建农村。无忧无虑的学生时代一结束就赶上了轰轰烈烈的改革开放浪潮，他用三年时间跟着不同的前辈打工，学习经商、创业知识，积累经验。然后，凭着"初生牛犊不怕虎"的闯劲，奋不顾身地闯进了东北工业重镇——沈阳，完整的工业体系，庞大的产业大军，停留在计划经济体制下的沈阳，很快就会被改革开放的春风沐浴，他深深地感叹道："我的成长机会来了！"

陈建新在沈阳木材行业耕耘了15年，因勤奋钻研、吃苦耐劳、勇于拼搏，成长为木材行业的能工巧匠，不仅很快站稳了脚跟，而且还能够稳定、持续地发展，给本行业和上下游相关行业进行了生产工艺的改造，优化了行业标准，改变了施工方式，大大提高了生产力。他也因此得到了业界的信赖与肯定，把生意做得红红火火的同时，被推选担任木材行业协会会长，继续为行业发展引领、付出的同时，成就了良好的行业口碑及社会影响力，创造了享誉全国的地标性木材行业集散地。

陈建新认识到，只有学习才能拥有持续成长的源动力。一是向专业人士取经学习，如拜师学艺；二是参加领导力等心态、素质类系统培训；三是系统学习商业管理课程，如清华大学高级工商管理（EMBA）。在学习中，他实现了自我成长与突破。

2003年，陈建新参与筹建辽宁省福建莆田商会，出任商会秘书长长达10多年，成为商会模范人物，在口碑和影响力大大提升的同时，和新的合伙人一起注册成立了沈阳侨乡国际酒店管理有限公司、辽宁中都实业有限公司等新的企业，用能力和实力使事业领域全方位进行拓宽，短期内获得了快速地成长和壮大。2008年，他还注册成为一名志愿者，成为一名民间公益人士，关心下一代工作者，从辅导高考学生志愿报考、学习生涯规划，到校外辅导员、亲子教育思考，再到职业人生规划、创业成长训练。一步一个脚印，在"付出不求回报"的信念支持下砥砺前行。

2012年，党的十八大之后，陈建新作为外埠企业家，当选为沈阳市大东区人大代表，这既是一份信任与荣誉，更是一份责任与使命。从"人在异乡为异客"的旁观者，到"我当代表为人民"的参政者，这种身份上的转变，验证了企业家成长的价值法则。

在本书定稿并筹划出版时，感谢沈阳秒创空间创始人陈建新董事长、浙江华柯园林建设有限公司陶敏义董事长提供了企业家个人成长和企业成长的实证资料，为本书的完成画上了完整的句号。同时，感谢我服务过的企业和企业家们，以及进入领导力训练课程中学习的学员们，是你们的信任给我完成书稿提供了大量的资讯并赋予了极大的热情。

最后，感恩我的家人和我共同见证！